近江から望みを展《ひら》く

西川幸治
Koji Nishikawa

SUNRISE

近江から望みを展く◆目　次

一、迎えることば・送ることば

二、地域に根ざす大学

一、迎えることば・送ることば

入学式　迎えることば

きびしい現実を探検の精神で——二〇〇一・四・九

入学おめでとう。本学は一九九五年の開学以来〝キャンパスは琵琶湖。テキストは人間〟をモットーに地域に根ざした学風をつちかってきました。今日、学部学生・大学院学生・短期大学部学生として皆さんを新たにむかえることができました。来賓の方がた、本学の教員・職員とともに、皆さんの入学を祝福し、皆さんが滋賀県立大学の学生として出発することを心から嬉しく思っています。

先日、私は湖東町の「探検の殿堂」を訪ねる機会がありました。この「探検の殿堂」は、湖東町にゆかりのある西堀栄三郎先生を記念してたてられました。一九〇三年生れの西堀先生は京大理学部に学び化学の研究をすすめ、真空管の研究や品質管理についても力をつくされました。また西堀先生は若いころから登山や探検にもつよい関心をもたれ、情熱をもやしてこられました。しかし、第二次世界大戦の波は先生の探検の夢をはばんできました。戦争が終ると、先生はただちに途絶えていた夢の実現にとりくまれます。五二年、いちはやくネパールに入り、同国と交渉し、マナスル登頂の道をきりひらかれました。その後も、ヤルン・カン、チョモランマ、エベレスト遠征隊長として活躍されました。しかし、私たちにもっとも印象的であったのは、一九五七年—五八年にかけて行われた第一次南極越冬隊長としての活躍であります。南極での学術調査の道を先生はきりひらかれたのです。この越冬隊の調査によって、戦後日本が国際舞台に登場し参加する場をつくられたのです。戦後のきびしい状況のなか物資が不足するなかでつづけられた真摯な調査は先生の『南極越冬記』に記録としてのこされています。関心のある方はぜひ読んでください。

西堀先生はつねに未知の世界に挑戦し、限りない創意と工夫をもって研究と技術のしごとをつづけ、その探検の精神をもって私たちに深い感銘をあたえつづけてこられました。ところで「探検の殿堂」の方とおはなししていると、最近探検の精神がゆれていることを知りました。先日、作家の村上龍の『希望の国のエクソダス』という本をよみました。そのなかで、「この国には何でもある。本当にいろいろなものがあります。だが、希望だけがない」という言葉にでくわしました。この作家は現在の私たちをめぐる快適で人工的な町に、はたして希望はあるのか、と問いかけているのです。あるとしてもそれを実現する意欲があるのだろうか、ともいっているように思います。

たしかに、私たちをかこむ生活環境、身のまわりの生活は豊かになりました。また、生活の便利さもたかめられてきました。しかし、その反面、かつて町や村で人びとを緊密に結びつけていたつながりは失われ、孤独のさびしさにさいなまれ、希望を失いつつある現状を私たちは直視しなければなりません。たしかに急激な社会的な変化は医療や看護の面でもかつてない多様な対応をせまられていま す。私たちをめぐる物質的な豊かさを約束してきた科学技術に、私たちは無限の信頼をおくことができなくなっているように思います。私たちはまた、過去につちかってきた多くの知恵を失ってしまったのではないでしょうか。

たしかに、大陸ではきびしい自然に対抗するために、自然から人間の生活空間をどのように防御し、その脅威から守るか、さらに自然をどう克服するかに人びとは情熱をもやしてきたのです。それに対して、日本では自然はおだやかで敵対的でなかった。自然の災害も、地震は忘れた頃にしかやってこなかった。秋におそってくる台風も、過ぎれば青い空がもどってくる。こうした状況のもとで、日本人はおだやかな自然と一体となった住居や建築をうみだし、建物のなかにどれだけ自然をとりいれるかに知恵をしぼってきたように思われます。しかし、私たちは今そういう知恵を失ってしまった。たとえば、「風のみち」という言葉はもう、死語となってしまいました。かつて日本の住居は風をどのように利用するかに知恵をつかってきたのです。今「風のみち」は忘れられ、冷暖房などの機械力おきかえられてしまいました。その中で、私たちは物質的な豊かさを享受しているのです。しかし、豊かさのかげにひそむ環境の悪化や資源の枯渇というきびしい現実に注視しなければならない状況に私たちはおかれています。こうした状況にあって、このきびしい状況を克服するために果敢に挑戦し、この苦境を克服する姿勢のなかにこそ、明日への希望がひらかれるのではないかと思うのです。

ところで、この三月には私にとってきわめて憂うつな事件がおこりました。皆さんもご存知のようにタリバンによるバーミヤーン大石窟の破壊です。私は一九六〇年以来、仏教文化の源流を探り、東西文化の交流をさぐる調査隊に加わり、いく度かバーミヤーン石窟を訪れましたし、またバーミヤーン石窟で調査をつづけてきました。私たちがガンダーラをかんがえる時、つねにバーミヤーン石窟は不動の原点としてつよい位置を占めてきました。その石仏がこのような形で崩壊することは本当に信じられないことでした。もともとインドでうまれた仏教文化は、仏陀を仏像という人間的容姿であらわす習慣をもっていなかったのです。ところが、仏教が西にひろがり、ガンダーラからアフガニスタンにおよんでいくなかで、西方のギリシア・ローマ世界の神や王の彫像を刻む伝統、またペルシア世界での磨崖に大巨像を刻む伝統の影響をうけて、ガンダーラで仏像が、アフガニスタンのバーミヤーンで大石仏がうまれました。東西文化・異なった文化の交流によってバーミヤーンの石仏はうまれたのです。

このバーミヤーンの大仏は近江とも無関係ではありません。天平年間、信楽の甲賀寺で盧遮那仏の造立がくわだてられました。当時、各地に造営されていた国分寺の中心として甲賀寺を総国分寺とし、そこに盧遮那仏をもまつるという計画だったのです。この構想は甲賀寺では実現しなかったのですが、東大寺の大仏としてその実現をみているわけです。こうして東西文化の交流の貴重な文化遺産であるバーミヤーンの石仏が偏狭な勢力によって破壊されたことはまことに痛恨のきわみであります。

二〇世紀が戦争と革命の世紀であったのに対し、二十一世紀はもっと平安でおだやかな世紀になると期待していたのに誠に残念です。この蛮行をも歴史的事実とみて、新たなバーミヤーン石窟の保存・修復の工作もはじめられることでしょう。このように私たちをめぐる現在の状況はきわめて深刻です。自然環境も生活環境も、歴史的環境もきわめてきびしい様相を示しております。かつて登山家、探検家を動かし、人をよせつけなかった高嶺はすでに克服されたかもしれません。未知の地であった極地はすでに踏査されつくしたかもしれません。しかし私たちはかつてない困難な問題に直面し、その克服をせまられているのです。私たちの先人たちがつちかった探検的精神を正しくうけつぎ、新たな決意をもってこのきびしい難局に対峙しなければなりません。そのために、時代は若い力に期待しているのです。くもりない眼ざしをもって、現実をみつめ難題を克服する知性と体力をきたえてください。

これからの大学生活は、皆さんの人生にとって貴重な時間となることでしょう。読書や学習を通じて知性をみがき、スポーツや運動によって体力と精神をきたえ、悔いのない学生生活を送ってください。皆さんがたがいに力をあわせ、競いあい、希望にみちた未来をきりひらいてください。

この滋賀県立大学は、皆さんの未知の世界・未踏の分野への探検を後方から支援するベースキャンプの役割をはたしたいと思っています。

どうか、今日それぞれの夢をもって入学式にのぞまれた新入生の皆さん、あなた方の夢をみのらせてください。西堀先生は〝若い時の夢はかならずかなえられる〟と、また〝石橋をたたけば渡れない〟ともいっておられます。

皆さんはそれぞれの夢をみのらせるために一生懸命がんばって下さい。そして未来に希望をもたらすよう努めてください。

技術の革新と郷土愛――二〇〇二・四・九

入学おめでとう。

本日、学部四百八十二名、看護短期大学部三十五名、大学院九十名を新入生として、知事をはじめ、来賓の皆さん方、また父兄の方々の列席のもとに、本学の若い構成員をむかえることができたことを心から嬉しく思います。

大学はいま、きびしい改革の時をむかえようとしています。新しい大学をめざす動きのなかで、あらためて、大学がよって立つ地域に、いかに貢献すべきかが真剣に検討されつつあります。〝キャンパスは琵琶湖。テキストは人間〟をモットーに開学した本学は、地域に根ざし、地域に学ぶ新しい学風をつちかい、さまざまな形で地域に役立つべく懸命に努めてきました。

ところで、近江には技術革新が町づくりに大きく貢献してきたという伝統があります。ここで一貫斎・国友藤兵衛と長浜についてみてみたいと思います。一貫斎・国友藤兵衛は今の長浜市の国友に安永七年（一七七八）生まれました。国友は鉄砲の生産地としてよく知られていました。鉄砲が天文十二（一五四三）ポルトガル船によって種子島に伝えられると、紀州の根来《ねごろ》にもたらされ、根来から堺へ、やがて古くから鍛冶職でしられた国友にもたらされたのです。この三地点で戦国動乱の世に鉄砲は注目すべき展開をみせました。根来では根来寺の衆徒、根来衆がその鉄砲をもって活躍し、堺は鉄砲を商品としてあきない、国友は鉄砲の生産に徹したといわれています。

戦国の末期、湖北をめぐる戦闘に勝利をもたらした秀吉は長浜に城下町を建設することになりました。長浜に城下町を建設したのは、秀吉が鉄砲の生産地の国友を兵站の基地として確保しておきたかったからだといわれています。しかし、歴史は皮肉なものです。秀吉が戦国の武将から天下人へと成り上がっていくと、「刀狩り」の政策をとります。民衆から武器をうばい民衆の自衛を否定する政策をとり、戦国の動乱の世を武力でもって圧倒し、きびしい身分制によって安定をもたらし、「豊臣の平和」をめざしたのです。こうした状況のもとで国友鉄砲はけわしい道をたどることになります。

江戸に幕府をおく徳川政権のもとでも、この「刀狩り」の方針は変わることなくうけつがれ、「鉄砲改」は「宗門改」とならんで毎年実施されました。江戸時代になると、長浜城下町の城郭は撤去され、城下町の機能を失います。長浜は城郭にかえて今でも御坊としてしられる「大通寺」を長浜の中心に位置づけ、湖北三郡の門徒たちが参集する場としたのです。さらに人々に親しまれていた八幡宮の祭礼は町をあげて祝い、長浜は城下町から町人の町へと転換します。

鉄砲の里・国友も大きく変換します。鉄砲製作の技術は錺金具《かざり》にいかされ、曳山まつりの山車や、仏壇の金具を精巧に飾りました。近世日本の軍事技術の転換をノエル・ペリンは『鉄砲を捨てた日本人』で評価しましたが、国友でも独自の方法で鉄砲技術の転換をはかっていたのです。しかも、国友は幕府の御用鍛冶として、その技術をうけついでいたのです。幕末になり、海外からの緊張がたかまると、わが国をめぐる国防があらためて注目されます。江戸にでた一貫斎は、オランダからもたらされた気砲とよばれた空気銃に強い関心を示しました。この壊れていた気砲を修理し、新たに工夫をこらして「早打気砲」を開発します。文政初年（一八一八）、江戸に滞在中、天体望遠鏡を見て感動し、自らの技術でもってその製作をすすめようとします。ついにオランダの望遠鏡に比べても遜色のない精度にすぐれたものを完成して、この天体望遠鏡で天体観測もはじめます。この天体観測の記録をみると、太陽黒点の観測などに初期のものと比べてはるかに精緻になったことがわかります。たえず技術の改良を重ねていたことがわかり、国友鉄砲の技術が天体望遠鏡・天体観測に展開したのです。

ところが天保七年（一八三六）、春からの天候不順は夏になっても気温があがらず、長い雨がつづき、全国的に凶作が予想されました。湖北でも七月には姉川が氾濫し、収穫は見込めず、国友は危機にたちいたったのです。この時、それまで一貫斎は望遠鏡の販売を求められてもゆずらず、もっとすぐれたものを製作しようと精進をつづけていましたが、飢饉に苦しむ地域の人びとをみて、望遠鏡を加賀前田侯などに予約販売をし、国友の救済にあてたともいわれています。この国友でうまれた天体観測の伝統は、近代になって、京大で宇宙観測学を研究していた山本一清《いっせい》が郷里の田上山《たなかみやま》に独自な天文台を設け、観測をつづけ、アマチュア天文学の展開に大きく貢献します。

ところで、長浜の町人の町への再生をたしかなものとしたのに、ちりめん機業の発展があります。機織は京都の西陣が独占してきましたが、享保十五年（一七三〇）の大火で西陣の大半が焼失し、丹後の宮津に機業がひろまりました。丹後ちりめんです。やがて、湖北の百姓林介らによって丹後から長浜へちりめん機業の技術が移転されました。桑畑が多く養蚕が盛んであったこの地域に、ちりめん機業がもたらされ、長浜はその中心として大きく発展しました。浜ちりめんです。彦根藩の国産として奨励された浜ちりめんによって、長浜はその経済力をたくわえ、町人の町へと再生しました。そしてそのよろこびを、長浜の曳山まつりに投じて、町人の心意気をうたいあげました。今に伝わる曳山まつりの行列にその歓喜をよみとることができます。技術革新への強い関心が、町の再生と活性化に大きく貢献したのです。鉄砲の里・国友にも、浜ちりめんにも、技術への強い関心、旺盛な好奇心、技術革新へのたゆまぬ努力、そして地域への関心、郷土愛がつちかわれたのです。

私たちはこの伝統を正しくうけつぎ発見させたいとねがっています。県立大学では、産学共同研究センターが設置されております。もちろん、地域貢献は狭い意味での技術に限られるものではありません。本学では、さまざまな形での地域に根ざした研究を推し進めています。その学習・研究を通じて、地域に結びつき、体験を通じて地域のなかで思考したいとかんがえています。いま、グローバルな経済の時代にあって、自らのよってたつ地域への志向が各地で表れつつあります。それは一見、逆説的にみえるかもしれません。しかし私たちが守り、生みだすべき文化、育てるべき風景、都市や集落のゆたかな想像力、親密な人間関係などに今一度深い思いをよせるべきではないでしょうか。こうした地域への深い関心が、結局、グローバル化する時代にあって真に豊かで耐久力のある社会をつくり上げることになるのでしょう。私たちは身近な環境を「虫の眼」をもって見つめなおし、しだいに視点を高くして「鳥の眼」をもってより広い地域に関心を示し、それぞれの地域を比較し相対視する視角をもって観察し、広い地球を一つの地域として見つめる視点をも獲得したいとかんがえています。そのなかで、たしかな技術を身につけて大きく変化する地域に役立つ知恵をみがきたいとねがっています。

きびしい時代ならばこそ、皆さんの若い力をもって当面するこの困難な状況をきりひらくために、それぞれの関心をもって積極的に勉強し、地域に根ざし、地域に学び、ひろく世界にはばたく人になってください。

人間愛・福祉・町づくり――二〇〇三・四・九

新入生の皆さん、入学おめでとう。

皆さんもすでに承知していることと思いますが、大学はいまきびしい改革の時をむかえています。この改革には若い力が必要です。皆さんの参加と協力のもとに、新しい明日の大学をめざしていきたいと思います。

〝キャンパスは琵琶湖。テキストは人間〟をモットーに開学した本学に、本年新たに第四の学部・人間看護学部が出発しました。医学が進歩し、医療の技術が発達したにもかかわらず、人びとの医療への不安と不信が深まるなかでの、人間的信頼と人間愛に根ざした人間看護学部の誕生です。

人びとは、古来、外の世界からうける危害から身をまもり、傷ついたり病んだりした時に、たがいにいたわり、助けあって生のいとなみをつづけてきました。医療や看護の原点もこのいたわりあい、たすけあいに求めることができ、生活の共同体のなかで相互扶助のかんがえ方もあらわれてきました。こうした相互扶助をめざした動きは、歴史のなかでは、救済・慈悲という形で宗教によってになわれる傾向がつよくみられましたが、やがて福祉として社会全体でとりあげようとする動きもあらわれてきました。

わが国でも、江戸時代も幕末になると、貧困の解消、窮乏からの救済に強い関心が示されます。幕末の開明な地理学者、本多利明《としあき》は、その豊かな地理学知識をもって、フランスには「窮民の救金」（窮乏する人びとを救済する基金）のあることをきき、「日本にはこうした制度はない。江戸に徘徊する窮民の人たちは乞食となり、数万人にも及んでいる。この人たちも若く元気な頃には、奉公に精をだし働いてきたのに、今年老いて働けず、乞食となっている。若し、フランスが隣国であるならば、ぬけぬけにどんどんフランスへ向かうだろう。」と警告し、現状を鋭く批判しました。

同じころ、佐藤信淵《のぶひろ》は、当時の区々に分立した藩と幕府の体制を否定し、統一国家の構想を示しました。そのなかで、小学校の学校区を基本とした地域構成をかんがえ、広済館（洪水・火災・飢饉・悪疫の流行にそなえ、道路の修理、架橋、築堤などにある）、療病館（医師をおき、病人の療養と施薬にあたらせる）、慈育館（貧しい人の乳児を養育する）、遊児廠《しょう》（幼児を遊ばせる）、教育所（初等教育、成人教育を中心に地域の中核機能をはたす）などの公益・福祉を推進する五館の制を提示したのです。この理想国家の構想は、「わが国で西洋思想の影響をうけることなくうみだされた独自の理想国家像」と称揚されました。

近代になると、産業革命によって近代工業が発達し、福祉の対策は社会問題として深刻に論議され、検討されるようになり、社会事業として大きい展開をみせました。そのなかで、この滋賀県ですすめられた実験はきわめて注目すべき動きとなりました。

その一つは、糸賀一雄によってすすめられた近江学園の動きです。糸賀一雄は京大で宗教哲学を学び、恩師木村素衛《もともり》の推薦で小学校の代用教員となり、そこでのちに近江学園で協力する池田太郎や田村一二《いちじ》と出会います。やがて、一九三八年、同じく木村素衛の推薦で滋賀県の社会教育にあたることになり、四一年には当時の知事近藤壌太郎のもとで秘書課長をつとめ、大きな影響をうけたといわれています。そのなかで京都で知的障害児教育にあたっていた田村一二を滋賀県にむかえ石山学園を創設しています。終戦直後、池田、田村らと近江学園の創設を構想します。そこには日本の未来を担う児童に夢を託し、日本社会を変革する重要な課題として、糸賀らの人生をかけた児童の教育と福祉への思いがこめられていました。この子どもたちとの共同生活のなかで、「いつのまにか私たち自身のこの子たちをみる目の変革を経験させせられてきたように思う」と述懐しています。それは、不断の研究・四六時勤務、耐乏生活をみずからに課すなかでうまれたものです。人間愛の探究が、人間としてもっとも弱い存在こそが「世の光である」ととく境地に到達したのです。〝この子らに世の光を〟ではなく〝この子らを世の光に〟への発想の転換です。

この糸賀一雄の福祉の思想に支えられ、一九五八年には大津市で「乳幼児検診大津方式」がつくられ、地域福祉と施設福祉の活動が結びつき、早期発見・早期対応のシステムが確立し、大津方式として注目されました。

糸賀一雄の盟友、田村一二は福祉の里・茗荷《みょうが》村の夢をえがきました。一九七一年、知的障害の人とそうでない人、老人と若者たちが仲良く暮らす理想郷を『茗荷村見聞記』に著《あら》わしました。この茗荷村は一九八二年、小規模ながら愛東町大萩に実現しました。村是として、賢愚和楽（お互いにたすけあい、人に迷惑をかけず仲よく暮らす）、自然随順（自然を大切にし衣食住ともなるべく自然にしたがって暮らす）、物心自立（自分のことは自分で行い、汗を流して精いっぱい生きる）、後継養成（村づくりのための後継者を育てる）という目標をかかげての村づくりがすすめられたのです。

近江には福祉にかける夢、理想を求める伝統が根づいています。新しく開設された人間看護学部はこの伝統を正しくうけつぎ、深い人間愛に根ざした看護をめざしています。環境科学部・工学部・人間文化学部の三学部も、それぞれの専門をいかして新しい人間看護学部の展開に協力し、小さくとも総合性をめざす県立大学として発展していくことを心から期待しています。

この四月十六日には「滋賀県立大学を循環型社会のモデルに！」とエコ・キャンパス・プロジェクトがたちあげられようとしています。学生や教員の有志が環境にやさしい循環型社会をこのキャンパスに実現し、その成果を地域に示そうというものです。

近江八幡では、環境と生活のよりよき関係を求めてエコ村の実験が本学の学生や先生も参加してすすめられようとしています。津田内湖の復元をめざし、環境再生の実験に情熱をもやす先生や学生のグループもいます。バイオマスの実験をすすめるグループもいます。また、モンゴルの遊牧民とともに暮らし、その調査の延長に「菜園家族の学校」を開校し、大君ヶ畑(おじはた)の山村で新しい生活のあり方、暮らしの実験をすすめている先生もおられます。

これらは、県が唱える「湖国まるごとエコ・ミュージアム構想」にじかに結びつき、その情報発信の基地をめざすものでもあります。

新入生の皆さんも、それぞれに理想を描き、果敢に挑戦し、切磋琢磨してください。そのためにも、古今東西、過去から現在、東方と西方の先人のすぐれた書物をよみ精神の牙をみがいて下さい。

本日は、入学おめでとうございます。元気で有意義な学生生活をおくってください。

「実験的精神」の伝統――二〇〇四・四・九

新入生の皆さん、入学おめでとう。

県立大学は開学以来、十年目をむかえ、新たな改革をめざして、きわめてきびしい状況におかれております。このきびしい時期に、若い力をむかえることを心強く、たのもしく思います。

県立大学は〝キャンパスは琵琶湖。テキストは人間〟をモットーに、人間、地域、環境を共通のキーワードに出発し、新たな学部、学科の構成も注目されました。しかし、十年目をむかえる今、人間、環境についてふれ、地域貢献を問題としない大学はほとんどみられなくなりました。その意味で、県立大学は先駆的役割をはたしたといえます。県立大学はその初心を貫き、独自性を強調するために、きびしい現実にたいして、「実験的精神」をもって果敢な挑戦をつづけなければなりません。

ところで、県立大学がたつ近江の地は、その歴史のなかで「実験的精神」をつちかってきた土地でもあります。

古代の大津京はその構成が調査によって明らかにされつつあります。地形からみて、のちの藤原京、平城京、平安京に比べてその規模は小さく、その都であった期間も短かったのですが、近江令という法体系を定め、鬼室集斯《きしつしゅうし》らの渡来人を官僚に登用し、漏剋《ろうこく》とよばれる水時計で時刻を知らせ生活時間の規定をめざすなど、新たな改革がはかられました。大津京は、古代の「都城」の原型として先駆的形態を示す実験の役割をもっていたのです。

都が京都に定まると、近江は交通の要路として港町や宿駅が発達します。山門・延暦寺の門前町として坂本は大きく発達し、中世末には堅田は港町として湖上運送に大きい力を発揮し、一休和尚が青年時代をすごした祥瑞寺《しょうずいじ》、居初家《いぞめけ》の天然図画亭《てんねんずえてい》や本願寺の蓮如が滞在した本福寺《ほんぷくじ》は今も当時堅田の町に築かれた文化の面影をよくとどめています。蓮如は堅田での経験をいかし、吉崎・山科・大坂に展開し、各地に寺内町を建設しました。動乱の世に堅田の町づくりは中世に発達した環濠城塞都市・寺内町の先駆として大きな役割をはたしました。また、湖北の菅浦《すがうら》、湖東の今堀などの集落にみられた自治と自衛の村づくりの実験がすすめられたことは古い記録にのこり、菅浦の惣門などのたたずまいに中世末の自衛と自治の伝統をみることができます。

信長は戦乱の世を武力で統合しようとし、その天下布武の拠点、中央城下町を安土に建設しましたが、本能寺の変でこの夢は消えました。しかし、中央城下町は秀吉の大坂、家康の江戸で実現しました。安土は中央城下町の原型として先駆的役割をはたしたのです。

こうした城下町の発達に、近江は重要な位置を占めてきました。佐々木六角の居城観音寺城とその城下石寺、上平寺城と城下、小谷城と城下、さらに長浜城下町、日野城下町、八幡城下町にわが国の地方に発達した城下町の展開を跡づけることができます。近江はわが国の城下町の発達に大きい役割をはたしたのです。彦根城下町は近世に完成した城下町の形をよくとどめています。

それだけではありません。江戸時代になって城下町でなくなった長浜、八幡、日野などは町人の町として再生をはたします。技術革新、遠隔地との交易などに知恵をはたらかせ、努力をかさね、都市再生の実験をすすめ、注目すべき町づくりの成果をあげたのです。

このように、近江はその歴史を通じて、都市建設・町づくりの実験をすすめ、新しい時代の町づくりに先駆的役割をはたしてきたのです。

町づくりに限らず、ものづくりの技術について、長浜の国友一貫斎が注目されます。国友は中世末の鉄砲生産地として注目されました。秀吉が長浜に城下町を建設したのも、国友と深い関わりがあったにちがいありません。しかし、天下太平の世になると、鉄砲生産はその強い役割を失います。しかし、国友では鉄砲生産をめぐる技術を失うことなくうけつぎ、幕末になると西洋の技術の導入に積極的姿勢を示します。一貫斎はこうした環境のもとで、技術をみがき、天体望遠鏡を製作し天体観測をはじめました。

先日、高月町西野の水道を訪れました。この辺りは沼地が多く、湿田で毎年のように洪水、溢水、水づきでなやまされていました。天保年間、充満寺の僧、西野恵荘はこの苦境をみて、西の山麓にトンネルを掘りぬき、びわ湖に直接排水する計画をたて、この実験的事業をすすめようとしました。当時この作業は大へんな苦労をともなうものでした。六年の歳月をかけ、高さ二メートル、幅一・五メートル、全長二五〇メートルの水道が完成し、「近江の青の洞門」ともよばれています。現在は、のちに設けられた新しい水道がはしり、排水の機能をはたしています。ここに軍事技術＝ミリタリ・エンジニアリングではない、深い郷土愛に根ざした土木工事、人びとの生活に役立つシビル・エンジニアリングの原点をみる思いがしました。

今年、人間看護学部の建築が完成し、学部の教育・研究がこのキャンパスですすめられることになりました。人間看護学部がめざすつよい人間的関心と地域への貢献には、弱者の社会的救済について糸賀一雄らが夢み、その実験をつづけた近江学園、さらに弱者が共同し協力して力づよく生きようとする田村一二らの理想郷〝茗荷村〟への夢と実験の伝統があります。私たちは、こうした近江につちかわれたきびしい現状を直視し、克服する実験的精神の伝統を正しくうけつぎ、展開させていかなければなりません。

県立大学では、今さまざまな形の実験がすすめられています。その一つ、エコ・キャンパス・プロジェクトが昨年春、学生と教員の有志によってうちたてられました。このキャンパスに循環型社会を実現し、その実験の成果をキャンパスをこえて地域にまで拡げていこうというものです。そのために、キャンパスの動植物の調査を始め、ホタルやアキアカネが舞うキャンパスづくりをめざしています。先日、人間看護学部棟の建築を記念して、犬上川の堤に桜の苗木を植えたということです。やがて桜の並木が犬上川のほとりにも拡がることでしょう。また、地元、八坂《はっさか》地域の農家の方たちと協力し、八坂での農産物をキャンパスの食堂で味わう、地産地消の実験がすすめられています。皆さんも、この実験を大学の生協食堂で体験してください。エコ・キャンパス・センターも近く動きだします。また、キャンパスをこえて、具体的に実験しようというエコ村の試みが、近江八幡で県立大の教員や学生が参加してすすめられようとしています。

来週から教科のガイダンスと併行して、エコ・キャンパス・ガイドが行われます。この大学はけっして大きな大学ではありません。人間の知覚で把えられるヒューマン・スケール、人間的規模の大学です。この大学のキャンパスのどこで、どんな研究・教育がすすめられているかをしっかりと把握して、学部・学科の枠をこえて交流し、新しい学風を築いてください。そのなかで、現在失われがちな人間的交流＝ヒューマン・コンタクトをとりもどし、この学園をヒューマン・コンタクトの濃密な空間として、生き生きとした明日をめざして力強く飛翔する大学を築いてください。

今日、若い新入生をむかえました。私たちはたがいに協力し、旺盛な実験的精神をもって困難な局面に挑戦し、新しい大学の学風をつちかいましょう。

本日は、入学おめでとう。がんばってください。

国際化と「誠心の交わり」――二〇〇二・三・二五

本日、ここに学部を卒業し、大学院修士課程を修了し、それぞれ学士と修士の学位をえられた皆さんの門出を心からお祝いします。

ところで、皆さんが巣立っていく社会はけっして平穏でもないし、安定してもいないようです。今、わが国は国際化の波のなかにあることはまちがいありません。私たちが住む日本は四周を海で囲まれた島国で、一国境によって領土を分ち、たえず抗争をつづけてきた大陸の国々とちがって外交が不得手だといわれています。

日本には「外務はあっても、外交はない」といわれるのをきいたことがあります。そうかもしれません。また、日本には外交に関する書物がほとんどみられないともききました。たしかに、中国には『戦国策』が、インドにはカウティルヤの『実利論』が、西欧にはマキァヴェリの『君主論』などの外交の書があるのに、この種の書物を欠いているというのです。しかし、島国であるだけに、日本人には異国への憧れが強かったこともみのがせません。

さて、近江は雨森芳洲というすぐれた外交家を生んでいます。雨森芳洲は、寛文八年（一六六八）伊香郡高月町雨森に生れました。京都で医学を学び、のち江戸に出て、木下順庵のもとで儒学を学び、新井白石、室鳩巣とならび、その学才を発揮しました。やがて芳洲は対馬藩に仕え、文教と対朝鮮の外交にあたることになります。当時、対馬が日本と国交をもつ朝鮮との窓口となっていたのです。江戸の幕府にとって最も重要な外交は朝鮮の国使・朝鮮通信使をむかえることだったのです。

通信―たがいに信《よしみ》を通《かわ》す―使の交流は、秀吉の朝鮮出兵後の国交回復、終戦処理の目的をもってはじめられ、のち将軍就任を祝う形の親善使節の性格をもつことになりました。通信使の行列は海路で瀬戸内海から淀川とすすみ、淀に上陸し、陸路で近江から江戸まで行列をすすめました。この通信使の行列は沿道の人びとから異国への強い関心をもってむかえられました。近江には今も通信使のみちが〝朝鮮人街道〟として人びとに親しまれています。

彦根では、朝鮮通信使の宿館に今キャッスルロードにたつ宗安寺《そうあんじ》があてられました。宗安寺には赤門と呼ばれる正門の横に小さい黒門がおかれています。この黒門は通信使接待のため肉類を運びこむための勝手口として設けられたといわれています。生活文化学科の鄭大聲《チョンデソン》教授によれば、もと朝鮮では仏教文化のもとで殺生が禁じられ、肉食も禁止されていましたが、モンゴル帝国の強い影響をうけ、やがて李朝政府のもとで、仏教を排し、儒教を崇める政策がとられると、生活文化のなかに食肉禁止の風がすたれ、肉食文化が盛んになったとされています。これに対応して、もてなしの工夫がこらされたものとして注目されます。

享保年間の朝鮮通信使に製述官として加わった申維翰《シンユハン》は『海游録』に、宗安寺の宿舎に、夜になると文人や僧侶が集まり、朝鮮通信使の一行と筆談をかわして歓談し、交流したと記しています。宗安寺には書を請う人が多く、その応接に困り「文字の厄か」と苦笑しています。しかし、「地勢英來（すがすがしくさわやか）にして、その民文辞（字でかかれたことば）を好み」「清明（清く）特達（すぐれた）の士」がうまれるのではないかとほめたたえてもいます。

通信使の接遇、外交にあたった芳洲は申維翰とはげしくわたりあい、論議し、批判し交流しているようすが『海游録』に記録されています。「言うべきは言い、正すべきは正す」という友好の姿勢がよく示されているのです。こうした交流・外交を通じて、芳洲はその外交の書というべき『交隣提醒』（享保十三年・一七二八）をあらわしています。そのなかで、芳洲は、言語・文化・風俗・食物・酒・船など、細かに観察し、日本と朝鮮を比較しています（私たちがめざしている考現学の先駆ともいうべき試みであります）。この比較的考察を通じて「日本と朝鮮とは嗜好も風儀も異なるのだから、日本の嗜好と風儀を以て朝鮮のことを察し判断しては了簡ちがい、間違いになる」といい、多様な価値観をみとめる文化相対主義の立場にたっています。

また、朝鮮語の教科書としてあらわした『交隣須知』には、チョムスキーの文法理論を思わせるものがあると評価されています。

芳洲は朝鮮通信使と交流を通じて、秀吉の「朝鮮出兵」を大義名分のない「無名のいくさ」と断じ、「誠信の交わり」（まことのよしみによる交流）について「誠信」とは「実意と申すこと」といい、「たがいに欺かず、争わず、真実をもってまじわる」ことだとしています。

芳洲は同時代の学者、荻生徂徠が原始儒教に回帰する古学派の立場から、経験的実証の精神による危機感をこめ、本居宣長が日本の古典を儒仏の規範から解き放ち実証的研究をすすめたのに対し、朝鮮との外交を通じて、独自の学風をうちたてたといえます。

雨森芳洲の伝統をうけつぐ形で、今、近江の各地で活発な動きがみられます。雨森では、「湖北の村からアジアがみえる」とのキャッチフレーズで開いた東アジア交流ハウス「雨森芳洲庵」を核とした町づくりがすすめられています。芳洲の愛した橘をうえ、小川に鯉をはなち、鯉と水車、花いっぱいのふるさとづくりに努め、町のあちこちにはハングルでかかれた道標もみられます。毎年、三十人の中学生が韓国を訪れ、また韓国からも中学生をむかえ、芳洲のうたをうたい、芳洲カルタで遊び、交流をかさねています。芳洲のつちかった伝統をいかし、まことに民衆レベルの民際外交がすすめられているのです。この秋には近江八幡で朝鮮通信使サミットが開かれるそうです。

県立大学でも、韓国国史編纂委員会と協定を結び、共同研究を積極的に推し進めようとしています。

まず、姜徳相《カントクサン》教授によって本学の図書情報センターに収められた在日韓国人の朴慶植《パクキョンシク》が収集された記録・朴慶植文庫の管理、編集の作業から進められることになるでしょう。そのほか、城下町彦根と城郭都市水原の比較的研究の計画も企てられています。彦根は十七世紀初め、日本近世の完成した城下町の形をよくのこし、水原は朝鮮の李朝の十八世紀末の典型的な城郭都市の構成をよくとどめていま す。彦根は世界遺産の暫定目録にのせられ、水原はすでに世界遺産に登録されています。この二つの都市の歴史現状を比較し、その保存修景の展開と町づくりに役立てようという試みです。

もちろん、本学における国際化の動きは隣国の韓国に限られるわけではありません。すでにミシガン州立大学連合との交流はくり返されています。昨年夏には滋賀・ミシガン共同研究シンポジウムが湖沼・流域生態系の持続的管理にむけてひらかれ、秋の世界湖沼会議には学生セッションが環境科学の大学院の学生の手でひらかれたことも記憶に新しいところです。また滋賀県と友好関係にある中国湖南省の大学との協定による交流もすすめられようとしています。

これからも、国際化の動きのなかで、ともに喜びを分かちあい高めあう学風をつちかっていきたいと思っています。皆さんも本学で学んだ自信をもとに芳洲の「誠信の交わり」の精神をうけつぎ、急速に国際化する社会のなかで自信をもって生きぬいてください。

本日は卒業・修了おめでとうございました。元気で頑張ってください。

地域に根ざし、地域をこえた展望——二〇〇三・三・二四

本日、新しく本学、学部第五期、修士第三期生として卒業し、修了された皆さんに心からお祝い申します。

昨日まで、びわ湖から淀川にかけて、滋賀・京都・大阪で世界水フォーラムがひらかれ、世界の人びとの生命の水への強い関心が示されました。かつて「日本人は水と安全はただで買えると思っている」といった評論家がいましたが、事態はきわめて深刻化しつつあり、私たちは深い知恵と強い勇気をこめてきびしい状況にたち向かわなければならないと痛感しました。それにつけても、近江に生きた先人たちが、びわ湖に深い関わりをもち、生業《なりわい》をいとなみ、生活をつづけてきたことを思いださずにはおれません。

今朝は晴れあがり、湖上はるかに湖北から湖西の山なみが望まれます。雨あがりの朝など、澄みきった湖面のかなたに湖西の町なみが手にとるように身近に感じられ、深い感銘をうけた人も多いことでしょう。

びわ湖のほとりに生きた先人たちは、湖と親密な関わりをもって生きてきました。彦根城築城前の

彦根のようすを描いた絵図の註書きに「昔、後三条村・平田村・和田村・大藪村の辺りは高島郡に属し、白ひげ神社の祭礼に頭人《とうにん》としてその世話にあたっていた」と記されています。県立大学の北、犬上川と今の芹川にはさまれた村々が高島郡の飛び地となっていたのです。湖東の村びとたちが、舟をこぎだし、歌をうたい、笛をふき、篳篥《ひちりき》や笙《しょう》をかなでて湖をわたり、湖西の白鬚《しらひげ》神社の祭りに参加していたのです。近江に生まれてきた先人たちはびわ湖を通じて対岸を私たちよりもっと身近に感じていたにちがいありません。

びわ湖とともに生きた先人たちは湖上をはしる物資や情報の動きに注目し、そこに新しい価値を見出し、新しい生き方を見つけ、新しい生業をきりひらきました。限られた地域をこえ、遠隔地との交易・商いに積極的な動きを示した近江商人の活躍が注目されます。

近江に生きた先人たちはびわ湖を見つめ、びわ湖から学び、びわ湖をこえて積極的に活躍したのです。今、近江八幡の日牟礼《ひむれ》神社には、西村太郎右衛門が奉納したという、海を渡る帆船を描いた「安南渡海船絵馬《あんなんとかいせんえま》」があり、国の重要文化財に指定されています。西村太郎右衛門は十七世紀のはじめ、（慶長一六〇三ごろ）近江八幡の新町、今の市立郷土資料館の辺りに生まれ、資料館の片すみに「安南屋西村太郎右衛門宅跡」の石碑がたっています。若いころから進取の気性にとみ、船で九州に商いをし、御朱印船で海外貿易をしたいとおもい、元和元年（一六一五）ついに安南（今のベトナム）へ渡航し、安南で商いをし、地歩をかためたといわれます。正保四年（一六四七）財貨をつんで長崎まで帰りました。ところが、当時、幕府がすでに外国との交易を制限し、日本人の海外への往来を禁止する政策をとっていました。西村太郎右衛門は帰郷の思いをはたせず、安南に戻らなければならなかったのです。そこで彼は望郷の念をこめて絵馬を日牟礼神社に奉納しました。この「安南渡海船絵馬」には、海外への雄飛する近江商人の心意気と望郷の思いがこめられています。

幕末にも、湖西の高島で無念の思いをこめ、びわ湖をこえたはるかな世界に思いをはせる人物がいました。近藤重蔵守重《じゅうぞうもりしげ》です。近藤重蔵は、明和八年（一七七一）江戸に生まれ、幕府の役人として当時蝦夷《えぞ》とよばれていた北海道に渡り、石狩川、天塩川の上流を探検し、千島のエトロフ、クナシリ島を探検し、十勝平野に道路を建設するなど、北方の探検と開発にあたりました。のち、幕府の「書物奉行」となり、『外蕃通書《がいばん》』『金銀図録』など多数の書物をあらわしました。晩年、息子のおかした事件に責をおい、大溝藩預かりの身となり、大溝に蟄居し、湖西でその生を終えました。彼は漢籍を読みあさって『喇嘛考《らまこう》』というチベット仏教に関する書物をあらわしています。わが国におけるチベット研究の草分けともいえる書物です。近藤重蔵は大溝の地にあっても、はるかな世界に思いをはせていたにちがいありません。

近代になると、このチベット研究を実地に体験し、推進する人物が生まれてきました。青木文教がその人です。青木文教は明治十九年（一八八六）安曇川に生まれ、京都の仏教大学（今の龍谷大学）に学び、大谷探検隊で知られる大谷光瑞のもとで活躍することになります。明治四十二年（一九〇九）

マレー半島からインドに渡り、仏跡をめぐり、当時ダージリンにいたダライ・ラマを通じてチベット留学の思いを伝え、ついに大正元年（一九一二）高山病になやまされながら、チベットに入国をはたしました。四年間チベットに滞在し、チベット語を学びチベットの文典・歴史について勉強し、チベットの生活、風俗にも関心をもち、こまかに観察し、写真などに記録し、わが国にチベットの情報をもたらしました。『西蔵遊記』はその報告であり、『西蔵文化の研究』などの著書もあり、青木の収集し、記録された資料は学術資料として貴重です。

近江に生きた先人たちは、びわ湖とともに生き、びわ湖をこえてひろがるはるかな世界に深い関心をいだき、深い憧れをもって活躍してきました。私たちも、この伝統を正しくうけつぎ発展させたいとねがっています。

県立大学では、母なる湖・びわ湖に深い関心をいだき、地域に根ざし、地域に学び、地域をこえたはるかな世界に関心をいだき研究をつづけています。朝鮮半島、モンゴル草原、中国大陸の各地、ガンダーラやシリア、そしてミシガンでも広域にわたる調査をつづけています。とりわけ、近江の先人たちが夢みたチベット、ブータン、ネパール、カシュミールからカラコルム、ヒンドウクシュ、ガンダーラからアフガニスタンにいたるトランス・ヒマラヤに強い関心をいだき、大学院にはトランス・ヒマラヤ文化論の講義を用意し、インド文化圏と中国文化圏の間にあたって独自の文化を形づくった文化圏の解明を志しています。

今日、びわ湖畔のキャンパスを巣立ち、これから社会のさまざまな分野で活躍される皆さん、この学園で学んだ知恵を生かし、工夫をこらしてそれぞれに新しい道を見出し、元気に羽ばたいてください。

現在、私たちをめぐる世界はけっして平穏ではありません。平和がそこなわれ、人びとは非道な戦火で不安にさらされています。しかし、私たちは希望を失わず、先人の夢と深い思いを想いおこして、苦難な状況のもとでも夢を失うことなく飛翔しつづけ、いつの日か、近い将来、世界の人びとが共感をこめて希望に充ちて生きる日がくることをねがって懸命に生きてください。

本日は卒業、修了、おめでとうございました。

移動が生みだす価値――二〇〇四・三・二五

本日、新しく本学、学部第六期生として卒業し、修士第四期生として修了し、この学園を巣だっていく皆さんに心からお祝いいたします。

皆さんの多くは、この学園を巣だち、明日から、それぞれ新たな出発のために移動していくことでしょう。そこで、皆さんの新たな門出にあたり、移動についてふれ、かんがえてみたいと思います。

本学のたつ近江の地は、人の動き、ものの動きにもっとも敏感な土地であったと思います。たしかに、近江には、大陸・朝鮮半島から渡来した人たちの生活の跡を示す遺跡・遺構が多くみられ、大陸との交流の跡を示す遺物も多くみられます。こうした環境のもとで古代の都・大津京が建設されたのでしょう。やがて大和や山城に都が定まると、近江は首都に接した地域として重要な位置を占めてきます。今の近畿圏のはしりとなる「畿内」が首都の周辺の地域に定められましたが、近江は畿内には属しなかったものの、のちに「畿内ならびに近江」とよばれ首都中央をめぐる地域を形づくりました。また三関とよばれた関所、鈴鹿・不破（関ケ原）・愛発《あらち》（敦賀）の関所は近江をめぐっておかれ、近江の地理的位置の重要さを示しています。こうしてびわ湖をめぐる水路と陸路は中央と地方を結ぶ幹線、流通の道として重要な位置を占めました。近江に生きた人びとは、人の動き、ものの動きに注目し、関心をもち、移動がもたらす価値を実感していました。こうした関心のもとで、坂本や堅田の港町がうまれ、街道に駅も発達しました。

戦国の動乱の世にあって、戦国武将が武力抗争のなかでタテに君臣関係を結び、家臣団を形づくる傾向がつよくみられました。そのなかで、地域的にヨコに結びつく武士団を形づくり、特殊の戦闘集団として甲賀の武士団の動きは注目されました。鈴鹿の峠を結ぶ地にあって、彼ら甲賀武士団は人と物の動きに注目し、移動の意味と伝達の速さに注目し、その独自な戦闘の技倆をとぎすませたといえましょう。しかも、ヨコに結びつく共和国の夢を貫いたことは注目すべきでしょう。

戦国の世を武力によって安定させ、天下に太平をもたらそうとした戦国の武将にとって、近江の地は、京へ上洛し、天下に覇をとなえるためにのりこえなければならない関門となりました。東国の武将・武田信玄は上洛をめざしての陣中で病死しますが、死の床にあって〝明日はわが旗を瀬田にたてよ〟と遺言しています。瀬田の橋は戦国武将にとってのりこえなければならない関門だったのです。織田信長が天下布武・天下を武力で統治する首都として、中央城下町を安土に構想したのも近江の政治的位置に注目したからにちがいありません。秀吉・家康へと覇権が移るなかで戦国の武将たちもその支配のもとで領国の配置換え移動がすすめられます。日野に生まれた蒲生氏郷《がもううじさと》は松坂、さらに会津若松へと移動させられています。氏郷の意志ではなかったのです。のち、会津からの旅で中山道の馬渕の宿の辺りで「思いきや　人の行方ぞ定めなき　わが故郷をよそに見むとは」とうたっています。氏郷は自らの意志で移動したのではなく、天下の覇者の意向にしたがって転封させられたのです。氏郷はこの移動にあたって、日野の町人をともなって移動し、日野の技術、日野の椀塗物、薬、醸造の技術を会津の地にもたらしています。産業を盛んにする殖産にも貢献しています。今も、会津にはこれらの技術が伝統産業としてつたわり、会津の人びとは近江を父祖の地としてなつかしんでいます。

江戸を中心に街道が整備されると、近江には東海道・中山道・北国街道などが整備されました。草津は東海道・中山道の分岐する大きな宿場町として発達し、木内石亭《きうちせきてい》はこの地でサロンを形づくり奇石を蒐集し、全国の同好の人と交流し、わが国の博物学・考古学の源流を形づくりました。漂泊の俳人芭蕉は各地を旅し、近江の人との交わりを愛し、〝行く春を近江の人と惜しみけり〟とうたい、幻住庵という庵を結び近江の人と交遊を深めました。これらも近江が移動と文化の交流する地として人びとに親しまれていたことを示すものでしょう。

また、近江における移動について忘れてはならないのは、近江商人の動きです。江戸を中心に各地に城下町が建設されると、それまで城下町であった町が城下町の機能を失うことになりました。近江では、長浜・近江八幡・日野などが城下町でなくなり、城下町の町人はその特権を失います。城下町の町人たちは、城下町の機能を失っても町人の町として再生させようとします。そのために、限られた藩の領域をこえて遠隔地にでかけ、交易をすすめ、近江に本店・本拠をおき、各地の支店・出店を結ぶネットワークを形づくります。近代商社のはしりです。商業的交流のなかで近江商人は独自の文化、独自の生活の様式を形づくりました。こうした動きを、江戸中期の儒学者・荻生徂徠《おぎゅうそらい》は〝商人通ジテ一枚トナル〟、商人が連合して武士の支配をおびやかすと警戒しました。

また、江戸中期の海保青陵《かいほせいりょう》は丹後宮津藩の家老の子としてうまれましたが、各地を旅し、見聞をひろめ、世の動きを洞察し武士社会にあって、一切の社会関係は商品交換の論理「シロモノウリカイ」によって動いているとみなし、君臣関係さえこの「シロモノウリカイ」の論理によるとかんがえ、武家社会の論理の転換をせまりました。青陵は、窮乏する武士を救済するために、国許《くにもと》の地方の城下町と江戸を結ぶ参勤交代についても、「途中のろのろとむだに歩くこと、惜しきことなり」「何ぞ国益のことを他国よりききだしてくるようにいひつけて」と、今でいうヴェンチャー・ビジネスのすすめのようなことを申しています。こうした発想の転換のなかで、近世の武家社会から近代の社会への展開がはかられたのだといえましょう。

今、私たちをめぐる移動の動きは、きわめてはげしいものがあります。移動の技術は急速に発展してきました。その技術によって、私たちの生活圏は大きく拡がり限りない利便を手にすることができました。鉄道や航空機によって移動の範囲は拡大し、他の地域との交流は活発になりました。情報の伝達も、技術の進歩によって世界の各地の出来事を瞬時に知ることもできます。しかし、急速なグローバリーゼーションがすすむなかで、負の側面もみのがすわけにはいきません。私たちは、発達した技術に見あう知恵をまだ獲得してはいないのです。かつて人とモノの移動に注目し、生きる知恵・生活の知恵をうみだした先人たちに学び、私たちが当面するきびしい時代にあっても皆さんの若い力としなやかな精神で、移動の技術にみあう新しい知恵をうみだしてください。皆さんの努力と健闘を期待します。

本日は卒業おめでとうございます。

夢と不屈の精神——二〇〇五・三・二四

卒業おめでとう。本日、新しく本学、学部第七期生、看護短期大学部第三十三期生として卒業し、修士第五期生として修了し、この学園を巣だっていく皆さんの門出を、ご来席いただきました知事はじめ来賓の皆さん、父兄の皆さん、そして本学の教職員、学生とともに心から祝福したいと重います。

本学は〝キャンパスは琵琶湖。テキストは人間〟をモットーに開学以来、この春でちょうど十年が経過しようとしています。開学にあたって、学部共通のキーワードとした、〝人間、地域、環境〟への強い関心は、今、独自な学風として実を結びつつあります。昨年、文部科学省の現代GP「現代的教育ニーズ取組支援プログラム」に応募したスチューデント・ファーム〝近江楽座〟はみごとに採択されました。学生たちはその行動力と実践によって、地域に根ざし、地域に学び、地域に役立つプロジェクトを提案し、元気に調査、研究、活動をすすめています。たのもしい限りであります。

ところで、近江に生きた先人たちはその歴史のなかで、まちづくり、村づくりに夢をいだき、果敢に実験に挑み、その実現をめざし懸命な努力をつづけ、きびしい現実のなかで希望を失わず理想を求めてきました。古代の大津京は、規模も小さく、期間も短かったのですが、古代の「都城」の原型として、その実験的意義はきわめて大きかったのです。近世では戦国乱世に「天下布武」をめざし、武力をもって天下に安定をもたらそうと、その夢を安土築城に託しましたが、本能寺の変で信長の夢はたたれました。しかし、信長がめざした「中央城下町」の構想は、秀吉の大坂城下町、家康の江戸城下町となって実現しました。

こうしたタテにつなぐ町づくりである城下町の動きにたいし、近江にはヨコに結ぶ町づくりの伝統もみられます。中世末の動乱のなかで、堅田衆は自衛と自治の姿勢を示し、内陸の港湾都市として、自由都市としてしられる堺とならぶ市民的気風をつちかっていました。今にのこる町をめぐる掘割りや、ならびたつ寺院のたたずまいは往時をしのばせます。堅田のまちづくりは、蓮如による寺内町の町づくりに大きい影響をあたえました。いっぽう、甲賀では戦国の武士団による独自な動きがみられました。甲賀の地域は近江でも城砦がもっとも密集した地域として注目されます。甲賀の武士団はたがいに武力抗争をつづけることなく、ヨコに連合する甲賀郡中惣の動きを示しました。鈴鹿峠という交通の要地にあって、人と物の動きに反応し、独自の戦闘技術、情報の伝達技術の開発に努めました。この動きは天下一統をめざす戦国武将に対抗するものとして攻撃にさらされ、甲賀の武士団は鈴鹿をこえた伊賀の武士団、惣国一揆と連合し、鈴鹿の辺りで野寄合、野外集会をひらき、抵抗しようとしました。しかし、戦国武将の力に圧倒され、近世になって甲賀や伊賀の武士団はその特殊な先闘技能の集団・忍者に編成されてしまいます。しかし、私たちは中世動乱のなかで、鈴鹿の辺りでヨコに結ぶ連合の動きをみせた共和国への夢を忘れてはならないと思います。

近世にかけて湖北で、戦国武将間での抗争による悲劇もみられました。小谷城の落城です。小谷城とその城下には新しい町づくりの動きがみられました。戦火で小谷城は炎上し、浅井一族は悲劇にみまわれます。いま、男系、女系が論じられていますが、この時代にもお市の方をめぐる係累が近世初期の政局に大きい影響をあたえたことが注目されています。しかし、ここで浅井の家臣たちが示した芸術の世界への動向にも注目したいと思います。まず、海北友松《かいほうゆうしょう》と狩野山楽《かのうさんらく》です。友松は浅井長政の家臣（海北善右衛門綱親）の子として生まれましたが、小谷落城で父兄を失い、のち東福寺で渇食となり、やがて狩野元信に学び、中国の宋、元の画法に心酔し、独自の画風をうちたてたといわれています。山楽も浅井長政の家臣（木村永光）の子で、小谷城落城ののち、秀吉の小姓となり、その画才を認められて狩野永徳に学び、東福寺法堂の天井画を描くなど狩野一門の中心となり、秀吉のもとで伏見城の障壁画などに腕をふるいましたが、大坂城落城の悲運にみまわれ、やがて松花堂昭栄らのとりなしで復帰、徳川画壇の長老としても重きをなしたといわれています。

ほかにも江戸初期の武将、茶人としてしられる小堀遠州も浅井の家臣（小堀新介正次）の子で、仙洞御所の作事奉行をつとめ、二条城二の丸をはじめ各地の建築や造園にあたり、王朝趣味の「きれいさび」の美意識をうみだしたといわれます。遠州の妻の父は藤堂高虎で犬上郡藤堂村（今の甲良町）に生まれました。彼も浅井家臣で、のち織田信澄、羽柴秀長に仕え、一時高野山に剃髪しましたが、秀吉より宇和島城を与えられ、関ケ原合戦では東軍にくみし、江戸幕府のもとで譜代に準じる大名として各地の城郭構築に腕をふるった技術者でもあったのです。この藤堂高虎は日光東照宮造営にも深く関わり、同郷の甲良豊後守宗広は日光東照宮の造営に幕府の作事方大工棟梁として参加しています。今も日光の東照宮には甲良宗広の銅像がたち、その建築家として顕彰されています。藤堂高虎を介する形で、近世初頭をいろどる二つの美意識が建築という形で近江に生まれた二人の建築家によって具現されていたことにあらためて注目したいと思います。近世初期の動乱のなかで数奇な運命にさらされながら、その苦難に屈することなく、不屈の精神をもって想像の羽根をはばたかせ、新たな芸術の境地をきりひらいたことに深い関心をよせるべきではないでしょうか。

たしかに、近江に生きた先人たちは、それぞれの時代を懸命に生きるなかで、理想の世界を求めて町づくり、村づくりに努めてきました。先人たちの思いをこめて、各地にそれぞれの地域の個性を象徴する形で、さまざまの地域文化財が琵琶湖をめぐる形で、野をこえ、とりめぐる山なみのなかにちりばめられています。これらの地域文化財を結んで〝湖国まるごと世界遺産〟というのはどうだろうというはなしになりました。たしかに、近江に点在する地域文化財をネットワークで結びつけ、地域の人びとがたがいに協力しあい結びつくことは、これからの町づくり村づくりに必須な課題だといえましょう。明治七年正月、新年の所信「県治所見」で県令・松田道之が人びとが集い憩い楽しみあう場と位置づけた〝偕楽園〟の構想とも結びつき、重なりあうものといえましょう。その上で、湖国・

近江を日本の人びと、世界中の人びとが訪れ、たがいに交流しあうことは、これからの人類の生き方を示す一つの方向にちがいありません。

この構想〝湖国まるごと世界遺産〟はすぐに実現できるものではありません。しかし、近江に生きた先人たちが夢をいだき、苦難にみちた道を希望をもってきりひらいたように、私たちもまた夢をいだき、希望をもって生きたいとねがうのです。

本日、この学園を巣立ち、新たな出発される皆さん、皆さんのすすむ道はけっして安穏な道とは限りません。この学園でつちかってきたしなやかな精神をもって苦難や困難を克服し、つねに夢と希望をいだき、不屈の精神をもって歩みつづけてください。

本日は、卒業、修了おめでとうございました。

二、地域に根ざす大学

地域に根ざし、世界へはばたく滋賀県立大学
―公立大学の存在意義―

滋賀県立大学は何をめざすか

一九九五年滋賀県立大学は、〝キャンパスは琵琶湖。テキストは人間〟をモットーに、琵琶湖のほとり、彦根市八坂町の地に開学した。地域に根ざし、地域に学び、地域に貢献する大学をめざし、新しい学風をつちかおうとしている。

開学当初は、環境科学部、工学部、人間文化学部の三学部と国際教育センターで、教育と研究を出発させた。今年、二〇〇三年四月には、人間看護学部が新設され、四学部の構成となった。

環境科学部は三学科からなり、環境生態学科は生命・生物社会の異変に注目し、調査を通じて、その原因と仕組みを明らかにし、問題解決の方法と技術の基礎を研究し、提案しようとしている。「環境の世紀」といわれる現在にあって、琵琶湖とその集水域を実験の場とし研究をつづけている。

環境計画学科の環境社会計画専攻では環境問題の解決能力を身につけるため、経済や法律、環境システムの計測、管理に力をいれ、幅ひろい学習によるのびやかな視野で全体的把握に努めている。環境・建築デザイン専攻は、従来、建築学科は工学部か芸術学部に属していたのに対し、環境科学のなかに建築を位置づけ、正しい環境観・倫理観をもち、これからの生活空間の創造と保全に努める建築家をめざしている。

生物資源管理学科では農業生産と環境保全の両立をめざし、生態系と調和した持続可能な生産技術や資源管理のあり方を探っている。

工学部は材料科学科と機械システム工学科の二学科からなり、材料科学科では材料と人間感性の接点を探る感性材料、自然環境になじむ金属・セラミックスなど無機材料、微生物による生分解性の高い高分子材料の開発などをめざし、機械システム工学科ではモノづくりを地球環境の視点から省資源・省エネルギーはもとより、消費材の再資源化と解体にともなう環境との調和まで考えた設計思想を築こうとしている。工学部は環境との調和を考え、人びとの豊かな暮らしを支える技術を発展させたいとねがっている。

人間文化学部は地域文化学科と生活文化学科の二学科からなり、地域文化学科では身近な生活環境として地域に注目し「虫の眼」で観察し、しだいに視点を高くし広い地域を「鳥の眼」で観察し、それぞれの地域を比較し、相対視し客観視する視覚を養おうとしている。生活文化学科は、生活デザイン、食生活、人間関係の三専攻に分かれ、それぞれの生活文化の現状と変化を観察し、克明に記録し、その変化が人間の生活にとってふさわしいかどうか省察する考現学の手法でもって、現在の生活文化を点検し、評価しようとしている。

人間看護学部は人間を総合的に理解し、人間相互の関係として看護をとらえ、「人が人として生きていくことをめざし、その生き方を支える看護」をめざし、既存の三学部と協力して、この新しい学部の発展をねがっている。

このように、各学部はそれぞれの分野において、自然と調和し、真に豊かな人間生活や人間社会の創造に向けて、教育と研究にとり組み、地域に根ざし、地域に学び、地域に貢献する大学をめざして、日々懸命に努め、学風をつちかっている。

人間学とフィールドワーク

滋賀県立大学のカリキュラムの特色の一つは、いわゆる一般教養科目がなく、全学共通科目として「人間学」が設けられていることである。「人間」は各学部に共通するキーワードである。

「人間学」の講義はけっして全般的な概論ではない。担当の先生のものの考え方、見方がじかに伝わるかたちで、きわめてユニークなもので、今きりひらかれようとしている分野でのもっとも先端的な講義である。失敗を恐れず、独断や偏見さえもいとわぬ姿勢で語られ、聴講する学生たちが学ぶことの楽しさにふれ、知的刺激と興奮をよびおこすことをねがっている。

人間学とともに、独自な発想のもとにおかれているのが国際教育センターである。このセンターは外国語、情報技術、健康・体力科学を担当している。外国語は英語だけでなく、ドイツ語、フランス語、中国語、朝鮮語をあつかい、ほかに人間文化学部ではモンゴル語、ロシア語、チベット語なども用意している。外国語の学習を通じての自他相互理解をめざしている。

情報技術の習得は、情報機器を用いての自己発信と他者受信を行なうための必要な技術の基本となる。健康・体力科学は人類の頭悩とそれが生みだした文明について、身体の本質とより健全な方向を維持鍛練する努力もまた、自己を発信し他者を理解することにつながるとしている。科学の進歩は人類が地球的普遍性をもつと同時に、環境によってきわめて固有性を獲得し、その特性を発揮する生物であると考え、十八世紀のゲーテのように普遍性と個性の円満な出会いをめざすべき時だと国際教育センターは考えている。

滋賀県立大学では講義室での授業だけでなく、現場にでかけての野外研修や実習を重視し、その体験を通じて知識をたしかなものとし、感性をとぎすませようと心がけている。環境科学部では、琵琶湖とその周辺で、自然と人間の間で生じている環境問題をテキストに、五感を通じて体験学習をすすめている。工学部では、付属の実習工場、また県下の工場で現場の実習・見学をすすめ、地域の企業と生産技術の交流をはかっている。

人間文化学部では、最初の夏休みに学生が数班に分かれ、各班には三～四名の教員が加わり、それぞれテーマを定め、学生が自主的に勉強し、教員が助言し、地域にでかけ、二泊三日で地域の住民と交流している。

今春、新しく出発した人間看護学部は、人間と真剣に向きあい、人間との深い関わりのなかで「看護」をとらえ、現場との実習、地域との交流のなかで、実践に結びついた人間看護をめざしている。

エコ・キャンパス・プロジェクト

この四月、学生と教員の有志が集まって「滋賀県立大学エコ・キャンパス・プロジェクト」をたちあげた。これまでも、キャンパスの北を流れる犬上川の河川改修で河辺林が消滅するという危機にたったとき、教員、学生が中心となって、県の土木部の技師や地元の住民たちと協力し、洪水時の緊急の水路を用意して、河辺林を保全した実績がある。秋の学園祭「湖風祭」ではエコ・ライフの実験と実践を行い、県大お茶倶楽部などの活動を通じて、自主的な環境運動をつづけてきた。

これらの経験をいかし、県立大のキャンパスで環境にやさしい循環型社会のモデルをつくり、その成果をひろく地域にまでひろげることをめざしている。県立大を循環型社会の先進基地としようとしているのである。当面、大学の環境負荷の調査と軽減の方策をたてるため、実験をすすめている。キャンパスにおける動植物の実態調査を行い、ホタルやアキアカネが舞うキャンパスにしようとしている。また生協食堂と地域の農家を結びつけ、安全でおいしい食材の供給など、地産地消の実現、地域経済への貢献、環境負荷の軽減をめざしている。

こうした実験を、キャンパスをこえて地域ですすめようとしている教員や学生のグループもいる。エコ村の実験である。現在の生活を反省し、有機物の循環、水の循環、化石エネルギーにたよらない自然エネルギーの利用をすすめ、コミュニティが活力をますビジネスの創造をめざし、コミュニティの役割を見直し、社会資本・環境資本の充実をはかろうというエコ村の実験を、近江八幡などですすめている。

また、琵琶湖の周囲にあった内湖は終戦前後の食糧危機のなかで干拓によってその姿を消した。その結果、自浄能力を失い、琵琶湖の汚染がすすんだといわれている。そこで内湖を復元しようという環境回復、津田内湖の復元の実験に情熱をもやすグループもいる。モンゴルの遊牧民とともに暮らし、調査をつづけてきたグループは、その延長に「菜園家族の学校」を開き、鈴鹿山系の山村・大君ヶ畑で、新しい生活のあり方、暮らしの実験をつづけている。

地域の地場産業と協力して、その共同研究を通じて新しい地域の産業の創出と活性化をめざして、この四月、地域産学連携センターに改組し、その充実をはかっている。すでにゼロ・エミッション研究会をたちあげ、その共同研究を通じて産業振興と循環型社会の実現をはかっている。
これらはすべて県がとなえる「湖国まるごとエコ・ミュージアム構想」に結びつき、その情報発信の基地の役割を果たそうとするものである。

地域をこえて国際交流

滋賀県は湖沼の保全をめざし国際交流をつづけている。彦根にはミシガン州立大学連合日本センターがおかれている。県立大学では日本語研修、環境科学などの講義を通じ、また学生同士が湖風祭などで交流をかわし、滋賀・ミシガン共同シンポジウムで研究の交流を深め、学生も積極的に参加している。中国とは湖南省の湖南師範大学・湖南農業大学と学生・研究者の派遣・受け入れによる交流をつづけている。モンゴルとは、フブスグル湖の調査、遊牧民の調査、ウランバートルの考現学調査をウランバートル国立大学、科学アカデミーと共同で研究をつづけてきた。

韓国とは、国史編纂委員会と共同研究の協定をかわし「朴慶植文庫」の整理・研究をつづけ、城郭都市水原と城下町彦根の比較研究をすすめようとしている。中国の固原、シリア、ガンダーラの調査もつづけている。

地域に根ざし、地域に学ぼうという強い意志をもつ教員と学生は、また地域をこえた学習、国際的な調査研究に強い関心と意欲を示している。

＊『ＩＤＥ―現代の高等教育』二〇〇三年七月号

地域に根ざし、地域に貢献する大学の可能性

地域密着型大学ならではのフィールドワーク重視

―地域振興という課題の中で最近、地域のシンクタンクとしての役割が大学に期待されているようです。特に滋賀県立大学は一九九五年四月の開学以来、地域に根ざした大学をめざしてこられましたね。まず、滋賀県立大学の概要からお話を伺いたいと思います。

西川　滋賀県立大学は開学の時から、〝キャンパスは琵琶湖。テキストは人間〟をモットーに、地域に根ざした大学をめざしてきました。ですから、いわゆる老舗《しにせ》の国立大学をモデルにするのではなく、地域密着型の大学という独自色を打ち出しています。そのことは学部構成にも表れています。現在、環境科学部、工学部、人間文化学部の三つの学部がありますが、環境科学という学部をつくったのは、この滋賀県立大学が初めてです。

環境科学部には、環境生態学科、環境計画学科、生物資源管理学科があり、伝統的な大学の構成か

ら言えば、教員は理学部と農学部と工学部などの出身者からなり、学際的な構成の学部になっています。特徴的なのは、フィールドワークに重点を置いていることですね。環境科学部には環境フィールドワークという授業があり、これは琵琶湖や滋賀県域をフィールドにして、地域の環境問題を取り上げて調査するというものです。

――人間文化学部についても、やはり地域密着型を目指されているのですか。

西川 人間文化学部は、地域文化学科と生活文化学科で構成されているのですが、共通基礎科目として環琵琶湖文化論実習を設けています。これは学生を数グループに分け、各班に三・四名の教員が加わり二泊三日で行うフィールドワークで、琵琶湖周域の歴史遺産や町なみ、伝統工芸などに実際に触れながら、学生たちが自主的に地域社会の文化を学ぶのを支援しようというものです。

人間文化学部の地域文化学科には、さらに日本地域文化コースとアジア地域文化コースがあります。しかし、まず身近なコミュニティーを見つめ直し、そこから視点を高くし、「虫の眼」から「鳥の眼」へと変化させ、視圏を拡げる考え方にたっています。日本地域とアジア地域というコースを設けたのは、比較という視点を加えるためです。この近江地域の文化は、日本の中で、あるいはアジアの中でどういう特性を持っているのか、他と比較することによって客観視することができます。

生活文化学科のほうは、食生活、人間関係、生活デザインという三つの専攻があります。それをトータルする視点として必要なのは、考現学だろうと思っています。今の時代の生活スタイルはものすごいスピードで変化しています。変化のありさまをきちんと検討し、その変化が本当に人間生活にふさわしい方向なのかをチェックする機能が大切です。地域の新しい生活をデザインしていくためには、この考現学生活の変化の観察、記録、省察をしっかり行っていこうということです。

—工学部はいかがですか。

西川　工学部も地域密着型をめざしていて、環境問題を取り入れる形で、地域にふさわしい工学をめざしています。そのため、現場での実習に重点を置く姿勢をとっています。また、産学共同研究センターを通じて、地域の企業や自治体と協力し実際の地域貢献も行っており、滋賀県では毎年、環境ビジネス・メッセというものを開催していますが、それに工学部が積極的に貢献しています。

—地域に根ざした大学という意味で、滋賀県立大学には特徴的な講義が多いようですね。

西川　他大学にない特色として、従来の一般教養の科目に代わり「人間学」という科目群を用意しているのです。人間学科目の中には、滋賀の自然史、近江文化論など、地域を知るための講座があります。

地域に学び、地域の人とともに考える

—地域密着型の大学が地域にどのような役割を果たせるのか、西川学長のご意見をお聞かせください。

西川　私たちがめざしているのは、地域から学び、地域の人々とともに考え、その研究結果を地域に

還元するという形なのです。そのためには、地域の人々との結び付きは欠かせないことだと思います。大学は知的資源や技術を持っていますから、地域の人々や自治体との協力によって、さまざまな可能性が生まれてくるはずです。

例えば、学生たちが自主的に始めた地域貢献として、河辺林の保全という実験がありました。県立大学の近くに犬上川という川があり、その堤防に森があるのです。こうした河辺林は近江地域に多く見られるのですが、河川改修で、河辺林が消滅しようとしました。そこで大学の研究者や学生が県の行政と協力して河辺林を残す工夫を考え、河川の増水の際には河辺林の横につくった川で水害を防げるようにすることで、河辺林の消滅を食い止めたのです。河辺林の保全は、地域の人々が関心を持ち、自治体行政の協力があったからこそ、できたことです。こうしたことは一例ですが、地域とのパートナーシップをしっかりとつくっていけば、豊かな地域社会づくりのために大学が貢献できることは、非常に多いと思います。

―環境問題への対応に加え、地域産業の振興という面でも、地域の大学の存在は大きな意味を持つのではないでしょうか。

西川　地域産業の振興ということでは、滋賀県立大学には現在、産学共同研究センターという施設があり、そこを拠点に地域の地場産業と結び付いた研究を進めています。企業との共同研究を中心に、研究交流会の開催や、実践的な指導、情報提供などを行っています。一種のレンタルラボのように、地域の企業に研究実験施設を貸し出してもいます。地域の企業と共同して、先端技術開発や新商品の開発といった貢献をめざしているわけです。

また、大学の研究成果を地域産業に提供していこうと、企業の方を対象にした公開セミナーを開催したり、産業界の研究会などに県立大学の教員を講師として紹介したり、異業種間の交流を図り、技術相談なども行っています。

さらに、こうした動きの線上に、地域結集型の共同研究事業というものがあり、新しい産業創造に向けて動き始めています。先ほどお話した滋賀県の環境ビジネス・メッセへの協力とも結び付くのですが、特に環境をテーマに新しい研究をつくり出していこうと考えています。

従来の老舗《しにせ》の大学とは違った発想で

——大学の地域貢献が盛んにいわれ始め、滋賀県立大学のような地域に根ざした新しい大学もできてきました。しかし、一方で大学の生き残りの問題もいわれていますね。そうした中で今後、地域密着型の大学はどのように展開していけばよいのでしょうか。

西川　たしかに今、地域貢献ということが国立大学でもいわれるようになりましたが、東京大学や京都大学などは、地域貢献以上のもっと大きなスケールで考えなくてはならない、という使命感もあることでしょう。老舗の大学の場合と滋賀県立大学のような地域密着型の新しい大学の場合とでは、それぞれ異なる使命があると思います。

滋賀県立大学の場合、最初から滋賀県の要請に応えてつくられた大学ですから、地域に貢献する人材を養成し、地域に根ざした研究をやっていくということが使命です。そのためには、今までの老舗大学とは違った発想や方法が必要になってくる、だからこそ個性的で特色あるものを打ち出せるのです。特色を出そうと思えば、その土地にふさわしいものをめざすしかない。独自の学部構成や科目構成、フィールドワークの重視といったことも、地域密着型という理念から生まれたものです。そのことが、こうした小規模で新しい大学の魅力にもなってくると考えています。

―地域に貢献できる人材育成という面で、さらにこうしたことをしたい、というような希望はございますか。

西川　私は建築学科の出身なので、一つには日本の建築技術の継承ということを考えているのです。日本の建築は木造の文化ですが、一般的に大学では学生が木材にカンナをかけたり、ノミを使ったりするという授業はほとんどありませんね。しかし、日本の建築である限り、木造の技術というものが根にないと、日本の建築が豊かに展開していかない。そこで、この大学で木造建築の技術を継承していくための実習をしてはどうだろう、と思っています。伝統的な技術を体験的に学ぶことで、地域文化への理解もさらに深まるのではないでしょうか。

地域に根ざした大学は、従来の大学の手法にはない実験的な側面が確かにあります。しかし、だからこそ期待もされているのだと思います。

パートナーシップが地域問題解決に求められる

―大学の知的資源を活用しながら、地域の環境保全や地域振興を進めていくという試みは、今後さらに進んでいくものと思います。そこで、自治体行政と地域の大学が連携していく際に、心がけるべき点は何か、アドバイスをお願いいたします。

西川　例えば近江でも、農業が危機を迎える中で、溜池《ためいけ》の問題に関心が持たれるようになりました。しかし、実際にそこでどのような農業が営まれているのか、それを体験しながら地元の人たちとともに考えていく、という姿勢が必要だと思います。学生たちも体験を通して地元の人たちから学び、研究を進めています。

そうした研究の成果を具体的に地域に還元するためには、自治体行政との連携が大切になってきます。今はどこの地域でも、独自の悩みがあり、新しい地域の課題も生まれており、それに対して自治体も知恵を絞ろうと努力をしています。ですから、自治体行政と大学、そして地元の人たちが、それぞれの立場から地域の課題に応える知恵を出し合い、その知恵を形にしていく、というパートナーシップが求められると思うのです。地域問題の解決には、みんなの力を結集していく、ということを心がけるべきでしょうね。先ほど話した河辺林保全にしても、行政だけの力、大学だけの力でなし得たものではなく、土木行政と大学の環境生態学の先生や学生、地域の人々が話し合いをしながら進めたからこそ、成功したわけです。

―西川学長のご専門は都市史・保存修景計画で、これまで積極的に町なみの保存の活動もしてこられましたね。最後に、その経験を踏まえつつ、自治体行政への提言などがあれば、お話していただきたいと思います。

西川　私の経験で言えば、町なみの保存修景は、地域の人々と結び付かないとできません。例えば新しい施設をつくる場合、地域文化とは関係なしに、従来、東京や大阪などの大きな設計事務所にデザインを依頼することが行われていた。そうすると、伝統的な地域の建築とは違った、接木のようなものになってしまう。そうではなくて、地域の持つデザインを活かしながら、新しい建築物をつくっていく工夫が大切でしょう。

まず、伝統的な町なみを調査し、地域の特性をよく知るところから始めることです。地域の建築家が持つ知恵やノウハウと、中央のレベルの高い建築家とがドッキングし協力できれば、お互いに刺激しあいながら良いものが生まれると思うのです。地域の知恵とノウハウを取りいれて、その地域ならではのデザインを生かしていく、そうしたシステムをつくることができればいいですね。

従来は、何か「ハコ」をつくれば地域の生活環境が良くなると考えられていました。しかし、それだけではダメなのです。やはり地域の人々がつちかってきた独自の知恵とノウハウを学び取ることをしないと、うまくいきません。その中で、地域の新しい生活文化をデザインしていく。地域に根ざした大学の役割も、そこにあると思います。

＊『市政』二〇〇三年二月号

『凛』によせて

人びとに感動と共感をあたえるスポーツ

スポーツはすばらしい。それは自らするスポーツであれ、見るスポーツであっても、ともにひとしく人々に深い感動と人間的共感をあたえることに変わりはない。

先日、ベルリン・マラソンで高橋尚子選手が「スピードの限界に挑戦し」二時間十九分四十六秒の世界最高記録をうちたてた活躍は印象的であった。新しい二十一世紀になって、三月にはアフガニスタンのバーミヤーン大仏の破壊、そして九月の同時テロによるニューヨーク、ワシントンのビル崩壊が私たちに深い衝撃をあたえ、人間不信におちいりがちな時だけに、高橋尚子選手の女子マラソンの記録更新をめざしてのひたむきな姿勢と人間的努力にいっそう深い感銘をおぼえたのだった。

ところで、もう三十年以上も昔になるが、一九六四年の東京オリンピックでのある情景を私は忘れることができない。競泳で優勝したのはパリ娘のキャロン選手だった。当時フランスでは第二次世界大戦の将軍シャルル・ドゴールが大統領になり、その威勢はつよかった。日本のせっかちなある新聞記者はキャロンに、「あなたの優勝をドゴールはよろこんでいることでしょう」とはなしかけた。これにたいし、キャロンは「私はドゴールのために泳いでいるのではない。私は私じしんのよろこびのために、そして美しいパリとフランスの国土のために泳いでいるのだ」と言いきった。オリンピックのフィナーレをかざる閉会式に国境をこえ民族をはなれてくりひろげられた人間的交歓とともに、私はこの言葉に、深い感動をおぼえたのであった。

スポーツであれ、なんであれ、人間の行いは個々の人間が懸命に生き、その営みが地域の人びとに深い共感をよび、さらにはるかに広い地域・国・世界に結びついていくことをねがわずにはおられない。

スポーツを通じて、皆さんの身体をきたえ、技をみがき、力いっぱい生きるよろこびを味わい、貴重な青春を生きぬいてください。

＊滋賀県立大学体育会『凛』第四刊　二〇〇二年一月

湖周道路で環びわ湖周走駅伝を

今、人びとが住み、生活する地域への関心が高まり、それぞれの地域の連携をはかる動きも高まっている。

この十月五日の日曜日、びわ湖男女駅伝大会が大津から木之本まで湖東の湖岸を走り抜けて競われた。百キロ余りの行程を十二区間に分け、その内三区間を女性にあて、高校生以上の男女十二名からなる百余のチームが参加し、秋の湖岸を駅伝で競いあった。

たしかに、湖岸をめぐる湖周道路の景観はすばらしい。この湖周道路をクルマだけに独占させておくのは惜しい。人びとがその脚で走り、自転車をこぎ、体力を鍛えることこそ、湖周道路にふさわしいのではないか。そこで湖岸周走駅伝というのはどうだろう。

湖岸には今、舗装された道路が琵琶湖全域にめぐらされている。この湖周道路を二十〜三十区間に分け、それぞれの区間を各地域を代表する選手が走り、駅伝でチームの力を競うのである。各チームは県下の各地域の老若男女が参加し、それぞれの選手が世代ごとに高齢者、壮年、青年、高校生、中学生、小学生などに分れ、チームを形づくり、なかには車椅子の区間を設けてみてはどうだろう。

地域ごとに選ばれたこの駅伝チームがそれぞれの区間をたすきを渡して走り抜け、湖岸を周走するこの駅伝は、地域ごとに世代をこえた結びつきを固めあい、地域をこえて交流を交わす場となるにちがいない。

まず、現在競われている琵琶湖男女駅伝大会を拡大して地域ごとのチームを加え、再編成してみてはどうだろう。やがて、この駅伝を全国レベルにまで拡げ、都道府県の代表からなるチームが競争することにし、ＴＶで放映されれば全国の人びとが琵琶湖の素晴らしい景観とともに駅伝を楽しむことになるだろう。その時、クルマに独占されてきた湖周道路が駅伝というスポーツを通じて、人びとが力を競い交流し合う親しみ深い場となるにちがいない。

＊滋賀県立大学体育会『凜』第五刊　二〇〇四年一月

合気道部創立十周年によせて

滋賀県立大学合気道部創立十周年をよろこび挨拶します。県立大学が「キャンパスは琵琶湖。テキストは人間」をモットーに開学しました。一九九五年、合気道部も開学と同時に運動部として出発して十年が経過しました。部員の皆さんは更なる十年にむけての深い思いをこめ、新たな決意をかためていることでしょう。

今年、二〇〇四年はアテネ・オリンピックの年です。人びとのスポーツへの関心はいっそう強まっています。オリンピックはギリシアのオリンピアで前七七六年、第一回がひらかれたとされています。当時、ギリシアでは都市国家の間の対立がきびしく、慢性的な戦争状態がつづいていたといわれます。そのなかで、四年ごとに休戦し、武力を停止し、個人の力をだしあい競いあう祭典をひらいたのです。分立する都市国家の抗争をこえて、「オリンピックの休戦」を実現し、平和な時を確保したのです。古代のオリンピックは分立する都市国家の間の対抗競技を通じての民族の祭典であると同時に、都市国家間の平和をはかる国際的祭典でもあったのです。

この古代オリンピックの精神は、今もうけつがれなければなりません。二十一世紀になっても戦火は絶えるどころか、対立と憎悪が深まりつつある現状に私たちはたちつくしています。「オリンピックの休戦」によって、人びとは一糸もまとわぬ姿で力を競いあったオリンピックの知恵を今に生かさなければならないのです。劣化ウラン弾のようないかがわしき殺戮の武器が横行するなかで、身に寸鉄を帯びず力を競いあった古代オリンピックの精神が私たちに示す教訓はきわめて貴重であるといえましょう。

先日、北京・上海で行われた大相撲をテレビでみました。日本の伝統的なスポーツが、中国の人びとの強い関心をよんでいることに注目しました。スポーツはその競技をうみだした地域の特性をつよく反映するものではないでしょうか。先年、モンゴルへ調査にでかけた時、広い草原でたたかわれるモンゴル相撲をみる機会がありました。モンゴル相撲は土俵のない広い草原でくりひろげられ、いく組ものモンゴルの力士たちがとり組みあい力をきそっていました。勝者が鷲のように両手をはためかす勝ちぬきの競技のようでした。同じ相撲でも、日本とモンゴルでは、ずい分その形も作法も技もちがうことを実感しました。そこに、それぞれの地域のもつ特性と伝統を身近に感じました。

古流柔術からおこり、自然の理法を逆らうことなく、日本の武道として発展してきた合気道にも、そこにこめられた独自な伝統、作法があり、このスポーツを特徴づけているように思われます。日本に固有なスポーツにつよい関心をもち、同時に世界各地の地域が生み出したスポーツの伝統と文化に注目しなければならないのではないでしょうか。

＊『合気道部創立十周年記念誌』二〇〇四年九月十六日

内井さん　追悼

内井昭蔵先生は、滋賀県立大学の開学にあたり、開設準備顧問となり、キャンパス建設のマスターアーキテクトとして、基本計画にあたられ、各学部、管理棟をめぐる意匠指針・デザインコードを示され、ブロックアーキテクトの連携、連絡など、指導的役割を果たされました。開学後、環境科学部環境計画学科環境・建築デザイン専攻の教授として着任され、教育・研究の推進に貢献されました。不幸にも二〇〇二年八月三日急逝され、十一月三十日「故内井昭蔵先生追悼の会」がもたれました。その折の追悼のことばです。

内井昭蔵先生をこのような形でお送りしなければならないのはなんとも悲しいことであります。先生は本学の開設準備の段階からキャンパスの計画に関わってこられました。思いだせば開設準備室での作業は県立大学へかけるあつい思いと夢にみちていました。新しいキャンパスの形成にあたって、先生はマスターアーキテクトの制を導入され、マスターアーキテクトとしてマスタープランを作成されました。管理棟や環境科学部、工学部、人間文化学部の各学部の設計を担当するブロックアーキテクトに示され、ブロックアーキテクトとの話し合いを通じてマスタープランを修正し、キャンパス全体の景観イメージをうみだすためにデザインコードを定められました。ブロックアーキテクトの自由な発想を抑えることなくサポートする姿勢を示し、マスターアーキテクト（ＭＡ）、ブロックアーキテクト（ＢＡ）調整会議を度かさねてひらき、その話し合いのなかで設計をすすめてこられました。私たちが今見る県立大学のキャンパスは内井先生のこの意欲的な実験の成果であります。そこには、ブロックごとに個性をもたせ独自性を尊重しつつ全体のゆるやかな統一をはかり、地域の環境や景観を調整する新しい職能であるマスターアーキテクトとしての自負と深い思いがこめられているのです。

これからひきつづいて内井先生を偲んでＭＡ・ＢＡ会議ファイナルがひらかれます。開設準備の熱気がしのばれ、先生への思い出深いはなむけになると思います。本学の魅力ある景観を維持し展開させるマスターアーキテクトには、内井先生が信頼されていた松岡先生がうけつがれました。

また本日の追悼の会や追悼展の企画と運営にあたった学生諸君の間には、先生がめざされたＭＡ・ＢＡの思想と手法が十分に生かされたとききました。この十一月初めにひらかれた学園祭「湖風祭」では、レーザー光線による照明が主会場の最後をかざりました。これは内井先生を偲びこの遺徳をたたえての企てだと担当の学生が申していました。

内井先生の建築への思いはその著書『健康な建築』のなかに語られています。日本の伝統的建築が自然との深い関わりのなかで発展してきたことを強調されました。近代化のなかで建築が自然との一体性を失い脆弱化したことを危惧され、建築が自然との関わりをとりもどし、建築家が個をとりもどし、コミュニティと親密な関係をとりもどすことに努められました。内井先生が試みられたマスターアーキテクト制も環境科学部での講義も建築が人間と自然との親密な関係の回復をめざす強い意志を示すものでした。私たちはこの意志を正しくうけつぎ、真に地域に根ざした学園として発展させたいとねがっています。

最後に親しみをこめて内井さんとよばせていただきます。私たちは内井さんの温厚で誠実で素直で剛着なお人柄を信頼し、どんなにかたよりにし、内井さんを同僚・友人にもつことをどんなにかほこりとしてきたことと思い返すしだいです。内井さんを失ったことは誠に残念であります。内井さんが私たちに示された建築や地域環境への深い思いを忘れることはありません。

内井さん、どうか安らかにお眠りください。

＊二〇〇二年十一月三十日

三、琵琶湖畔でかんがえる

コラム　潮音　風声

――読売新聞夕刊連載――

ヨコとタテの町づくり

日本には、さまざまな都市の伝統がある。戦国動乱の中世末期には二つの都市の動きがあり、たがいに対立し、あらがいながら展開していた。

その一つは乱世を武力をもって統合し、天下に覇をとなえ太平をもたらそうとした戦国武将の町づくり、城下町建設の動きであり、他は動乱の世を生きぬくために、都市に生きる人びとがたがいに協力して自衛し、自治的に町を運営していこうとした町衆の町づくりであった。

町衆の町づくりを堺にみてみよう。「堺は甚だ堅固にして、西は海をもって、他の三方は深い堀がめぐらされ、常に水が充満していた」と、ヤソ会士は報告している。堺は環濠城塞都市で、三十六人の会合衆によって「共和国のような政治が行われ」、町衆は「僧院や住居を地上の天国としようとし、……力の限り好きな生活をしよう」と努めたとも伝えている。堺には自衛と自治、そして現実の生活を積極的に謳歌する気風がみなぎっていたのである。

町衆の町づくりは、堺だけでなく、京都、博多や堅田などの港町、吉崎、山科、石山をはじめ、各地にひらけた寺内町にもみられた。京都では、町衆たちが法華の寺院を中心に「町の構」をきずいて自衛し、理想とする釈尊御領を地上に築こうとし、皆法華圏を形づくっていた。今も、洛北鷹ヶ峯にのこる光悦町はその遺構である。町衆は、自衛と自治をめざし、現世に理想の世界を構築しようと、ヨコに結びつく町づくりをすすめていたのである。いっぽう、戦国の武将たちは、主従関係をかため、身分、格式、秩序によるタテに結ぶ城下町の建設をすすめていた。この戦国武将の町づくり・城下町建設と対比すれば、町衆の町づくりの特性は、いっそう明らかになるだろう。

＊一九九七年十一月十七日

さながら仏国の如し

京都駅をでた新幹線は、東山トンネルをこえると山科の盆地を横ぎって東へとすすむ。窓から注意深く眺めると、大きい瓦屋根の寺院が点々とし、こんもりとした緑の堤が南北につながり、それにそって流れる小川がみえる。これらは、山科寺内町にゆかりをもつ寺院であり、寺内町にめぐらされていた土居と堀の跡である。

山科寺内町は、戦国動乱の世に、蓮如によって構築された環濠城塞都市である。文明十年（一四七八）に再建された本願寺を核として、三重の堀でかこまれ、第二郭・内寺内には本願寺の一族と坊官の屋敷がならび、第三郭・外寺内は町衆の住区で、今も大手先町の名をのこす寺内町の正面に、都市建設者を記念して蓮如上人の墓廟《びょう》がたっている。応仁文明の乱で荒廃していた京都に比べ、山科の繁栄は、「寺中は広大無辺、荘厳さながら仏国の如し」といわれていた。寺内町は理想の世界「仏法領」をめざし、寺内町の一日は、本願寺のうちならす時の太鼓で、その生活時間がきめられ、寺院と町衆が一体となって、ゆたかな都市生活をくりひろげていた。

堺も、京都の町衆が築いた「ちやうのかこい」「町の構《かまえ》」も、大坂石山寺内町も、おもかげを失い、それらの構造を見ることができない現在、山科にのこる土居や堀などの寺内町の遺構は、町衆による町づくりの自衛と自治の伝統を示す貴重な遺構である。

ところが残念なことに、この貴重な遺構の一部が無残にもこわされてしまった。地下鉄東西線が完成し、山科の再開発が重要な課題となっている今、寺内町の遺構を山科の文化遺産として保存し、市民の憩いの場、緊急時の避難の場として活用する方策をたてなくてはならない。

＊一九九七年十一月十八日

ガンダーラからの教訓

ガンダーラはいまのパキスタンの北西辺境州ペシャワール県の古名で、ここを中心にうまれた仏教美術で人びとにしたしまれている。ところで、このガンダーラ地方では、紀元前三千年紀に開けたインダス文明の遺跡は発見されていない。インダス文明圏の外にあったといえよう。前七世紀になって、ペルシア帝国が成立すると、ガンダーラはその東辺の属領となり、首都ペルセポリスの王宮の基壇をかざる浮き彫りには、朝貢するガンダーラ人の姿がきざまれている。前四世紀になって、ガンジス河を中心にマウリア帝国がひらかれると、その西辺の属州となり、その指導理念として仏教文化の影響を受けた。ガンダーラは、強大な帝国の辺境の地として、東と西にひらけた文化を受信してきたのである。

クシャーン帝国が成立すると、ガンダーラはその中心となり、東西の交流がいっそうはげしくなった。こうした文化環境のもとで、ガンダーラの地に「ギリシア人を父とし、仏教徒を母とするギリシア風仏教美術」がうまれた。仏像の出現である。やがて仏教文化は、シルクロードを通じて中央アジアから中国へ、さらに朝鮮半島から日本にまで、強い文化的影響をもたらすことになった。ガンダーラは文化の受信地から発信地へと大きく変容したのである。

日本は極東の島国として開国と鎖国をくり返し、外からの先進文化を積極的にとりいれ、独自の文化を形づくってきた。いま、国際化をおしすすめ、文化の発信地としての役割をはたすことをつよく要請されている。この現状のもとで、文化の受信と発信にガンダーラが示してきた歴史的経験から、多くの教訓をまなびとらなければならないのではないか。

＊一九九七年十一月十九日

地域ぐるみ博物館

東西文化の交流によってうみだされたガンダーラ文化は、東西の人びとを強くひきつけてきた。ところで、このガンダーラ地域に異変がおこっている。ガンダーラ遺跡の調査をつづけてきた私たちは、六〇年代と八〇年代の調査の間に、遺跡の状況が信じられないほど大きく変化したことにおどろいた。八〇年代の遺跡は乱掘によって荒廃し、調査はその乱掘のあと始末の様相を示していた。六〇年代ののどかな調査はもうみられなくなってしまった。小さな仏像の破片が出土しても村人たちは異常な関心をしめし、なかには値ぶみする人さえあらわれた。東西からのつよい関心がマイナスに作用し、ガンダーラの遺物を買い求める外国人が村人たちを刺激し、乱掘をうながして、遺物が骨董品として売買の対象としてみられるようになってしまった。ここでは、「市場原理」が節度もなく屈折してはたらき、村人の心をすさませ、乱掘によって遺跡を荒廃させているのである。

現状のまま乱掘がすすめば、ガンダーラ遺跡は調査する間もなく破壊されつくして、東西文化の交流によって輝かしい文化をうみだした風土環境や、この文化の創造に力をつくした人間的努力を追想し追体験する場を永遠に失ってしまうにちがいない。またこの乱掘によって村人の生活が向上したかといえば、けっしてそうではない。そこでガンダーラ遺跡の救済をはかるために、ガンダーラ地域全体を博物館地域とかんがえ、遺跡の保存と管理のネットワークをつくり、地域の生活環境の向上と結びつけ、ガンダーラ遺跡を地域社会に定着させ、積極的に地域開発に役立てる方策を具現化しなければならない。

＊一九九七年十一月二十日

曳山博物館のねがい

長浜では、いま市民が力をあわせ、元気な町づくりをすすめている。数年前には、長浜でも中心部に空洞化がめだち、市民から「黒壁銀行」としてしたしまれていた建物が撤去されようとした。この時、市民の間から「黒壁」をとりこわすことなく、活用しようという動きがおこった。

異国情緒のあるガラス工芸をとりいれ、黒壁ガラス館として再生させようとしたのである。市民になじみ深い建物が、まったく新しい機能をもってよみがえり、その運営には、地元の若い女性たちが積極的にあたることになった。いま、この「黒壁」を中心に、ガラス作品を鑑賞したり、ガラス細工を体験するなど、この辺り一帯がガラスを中心に活気ある町なみを形づくっている。

九六年の北近江秀吉博にボランティアとして参加した高齢者たちが、この経験をいかして、空き店舗を利用し、野菜を素材にした「おかず工房」、農家の作物を直販する「野菜工房」、中古品をいかして趣味の工芸品を扱う「リサイクル工房」をつくり、「プラチナプラザ」と名づけて、町の活性化に高齢者パワーを役立てている。

長浜は秀吉によって城下町として建設されたが、やがてその機能を失い、きびしい危機にみまわれた。このとき長浜の町人たちは、町人の町としての再生をねがい、この地域につちかわれてきた地場産業を生かし、ちりめん機業を発達させたのである。長浜は、その歴史のなかで、都市の伝統を更新し再生させて、その心意気を曳山まつりにうたいあげた。

長浜では、いま曳山博物館を建設する計画がすすめられている。曳山まつりにこめられた市民的伝統の発展をねがっての企画である。曳山博物館は、これからの町づくりの核の一つとして有効に機能することだろう。

＊一九九七年十一月二十一日

ゲルへの思い

モンゴルの首都ウランバートルは、今その景観が大きく変化している。一九七一年はじめてモンゴルを訪れた時、高層のアパートは建ちはじめていたが、人びとの関心はまだ薄く、「モンゴル人は、草原にたつゲルが好きで、アパートには住みたがりません」と話していたのを思い出す。しかし、今アパート群はずらりと建ちならび、人びとの生活のなかにすっかり定着しているようだ。

モンゴルの伝統的な住まいはゲルである。ゲルを解体し、移動し、組み立てるテントの住まいは、遊牧の生活からうまれ、その生活にしっかり結びついてきた。しかし十七世紀のなかば、活仏がたてたラマ廟を中心に都市クーロンがうまれた。これがウランバートルの起こりである。クーロンは草原の交易都市として、ロシアや中国の商人もたくさん住みつくことになった。当時の絵図をみると、ラマ寺院の周辺にロシア人や中国人の住居があり、モンゴル人もゲルをもちこんでまわりを板塀でかこみ集団で居住している様子がうかがえる。移動するゲルは、都市の住居として、固定したゲルに転化したのである。

今、この固定したゲルがしだいに姿を消してアパートにかわっている。しかし、年老いて退職し、アパートから草原のゲルへもどっていく人もいる。また草原の生活が忘れられず、夏期には郊外に別宅（ゾスラン）を建て、ここからウランバートルへ通う人も多い。草原の生活、ゲルへの愛着はつよいようだ。
モンゴル人は、やがて彼らにふさわしい都市住居の生活をうみだすだろう。私たちは考現学の手法をきりひらき、人びとの住まいや暮らしの定点・定時観測をくり返し、深い関心をもってその変化に注目したい。

＊一九九七年十一月二十五日

ノモンハン

ノモンハンへの道は遠かった。この夏モンゴル調査で、飛行機でウランバートルから二時間たらずのチョイバルサンへとんだ。チョイバルサン空港はもとソ連の軍用空港で、この辺りはながく外国人には閉ざされていた。ここからジープ型車で草原を東へ丸一日すすむ。まことに「天は蒼々《そうそう》たり、野は茫々《ぼうぼう》たり」とうたわれたように、人っ子ひとりいない草原のかなたにノモンハンはあった。

ノモンハン事件は、ハルハ河の辺りが戦場であったため、モンゴルではハルハ河戦争とよばれている。日本は「満州国」を成立させてハルハ河を国境としたのに対し、ソ連側ではハルハ河の東のノモンハンの辺りを国境と主張し対立していた。一九三九年五月、夏草を馬にくわせるためにハルハ河をこえた一群があった。私たちも渡河する馬の群れを見かけている。遊牧の生活ではごく日常のできごとだったが、これが国境をめぐっての衝突になり、ここを生命線とした日本の関東軍と外モンゴル・ソ連連合軍の戦闘の結果、双方あわせて四万人近くの死傷者をだす惨事となった。

この国境紛争はなんとも奇妙なものであった。本来、遊牧民であるモンゴル人は国境という確たる意識をもたず、固定した境界を好まない。いっぽうの日本人も島国に住み、国境を実感することは少なかった。この国境意識のうすい両者が、荒野でたたかい若い命をうしなったことは、なんともむなしく、悲しい。

日本とモンゴルは一九七二年国交をひらき、きわめて友好的な関係にある。かつての悪夢をのりこえ、国境へのこだわりの少なかった両国が、その特性をいかし、これからの新しい時代に、国境をこえた新しい関係を世界に先がけて結ぶ多様な試みを深めていきたい。

＊一九九七年十一月二十六日

風力発電

アマルバヤスガラン寺院は、ウランバートルの北西の草原にたつモンゴル屈指の壮大な仏教寺院である。一九七一年にはじめて訪れた折には、壮大な伽藍は訪れる人もなく、ただ一人のもと僧侶が住むだけで、野鳩《のばと》が巣くらい荒れはてていた。四半世紀ぶりに訪れてみると、寺院は復活し、三十人あまりの若いラマ僧たちを中心に、学問寺をめざして熱心に修行をつづけ、門前には百人たらずの集落を形づくっていた。

草原に大伽藍が復活し、門前の集落が生まれて、電力が送られることになった。コンクリートの柱を埋めこみ、木柱をゆわえた電柱が延々と草原にならんでいた。しかし、草原を何十キロにわたって一つの寺院のために電線をはしらせるのは、なんとも無駄な感じがした。人口が密集した地域での送電の方法を、広い草原にそのまま適用するのは問題ではないか。モンゴルの夏の日ざしはかなり強い。秋から冬にかけて草原を吹きぬける風はつよい。この自然のエネルギーを活かせないだろうか。

私たちの滋賀県立大学は湖畔にたち、これから冬にかけて湖西から琵琶湖をこえて吹きつける風はつよい。この地の利をいかし、吹きすさぶ風を天の恵みとかんがえ、学生のグループ「環境サークルK」では、風力発電の勉強をはじめている。この学生の創意をいかし、環境を汚染しないエネルギーの開発に知恵をだしあいたいものだ。

こうした実験の成果を、モンゴル草原に点々とたつ住まいのゲルにもちこみ、太陽発電、風力発電として活用し、その生活の向上に役立たせたい。また、モンゴル草原での実験の成果を、環境汚染になやむ日本にもち帰り、電力として活用する方途をさぐりたい。日本とモンゴルの友好・協力関係の夢の一つといえるだろう。

＊一九九七年十一月二十七日

青春の歌碑

月日のたつのははやい。昭和二十五年に閉校になった三高を記憶する人は少なくなった。かつて京都の市民にしたしまれ愛されてきた三高―第三高等学校は、遠い思い出のなかに忘れられようとしている。しかし、三高生がその青春を謳歌し、都大路や吉田山で口ずさんだ逍遥歌「紅燃ゆる」や、琵琶湖にあそんだ「琵琶湖周航の歌」は、いまもひろくうたいつがれている。

「紅燃ゆる」は、東洋美術史の先達で詩人でもあった沢村専太郎の作詞であり、京都の四季と、崑《こん》崙《ろん》やゴビの原に青年たちがかけた夢や、ラインの城やアルペンへの思いをうたいあげている。琵琶湖周航の歌「われは湖の子さすらひの……」は夭折《ようせつ》した物理学者小口太郎の作詞で、湖上を大津、雄松、今津、竹生島、長浜、彦根、長命寺へ周遊する青年の感慨をうたっている。いま琵琶湖周航の歌への関心はつよい。この六月に今津では市民が合唱コンクールでこの歌をうたい、九月には長浜で「うたおう琵琶湖周航の歌」の集いもひらかれた。

小口太郎を顕彰する像や記念碑がその故郷・諏訪湖畔にたてられ、歌碑も三保ヶ関をはじめ近江舞子、今津、竹生島にたてられ、「黄金の波にいざこがん、かたれわが友あつき心」とうたわれた長命寺でも、歌碑建立の話がすすんでいる。「古城にひとりたたずめば、比良も伊吹も夢のごと」とうたわれた彦根でも、ここを郷里とする沢村専太郎の逍遥歌とあわせて青春の歌碑をたてようというはなしがもちあがっている。

青春の歌碑をたて、いま青春を生きる若者たちへのあついエールとするとともに、青春をうたいあげた新しい歌の出現をもねがっている。

＊一九九七年十一月二十八日

湖上航路の復活

〃キャンパスは琵琶湖。テキストは人間〃をモットーとして出発した滋賀県立大学からは、雨上がりの朝などには、湖西の今津や安曇川の町なみが、琵琶湖をはさんで手にとるように間近にみえる。

先日も古記録をみていたら、彦根市内の後三条、平田、和田、大藪の村は、「もと高島郡に属し、白鬚神社の祭りには、その頭人《とうにん》をつとめ、神官もおいて、これらの村に近い長久寺古宮の鰐口の銘に高島郡とあり、長久寺山には御旅所もあった」と記されていた。湖東から、人びとは湖西の白鬚神社の祭礼に参加していたのである。湖東と湖西は深く結ばれ、今より身近に感じていたのにちがいない。

琵琶湖は「近畿の水がめ」とよばれ、飲料水の水源としかかんがえていないが、過去に湖辺に生きた人たちはそうではなかった。

江戸時代半ばに西廻り航路が開発されるまで、日本海沿岸の物資は、敦賀や小浜で陸揚げされ、海津、塩津、今津などの港でふたたび舟に積みかえ、湖上を運送して坂本、大津へ運び、馬で京都へはこんでいた。琵琶湖は湖上交通で栄え、湖辺の地域を深く結びつけていたのである。

阪神地震で陸上交通が寸断された時、瀬戸内海の航路が救援に大きい役割をはたしたことは、私たちの記憶に新しい。緊急時にそなえ、平常からもっと琵琶湖にしたしみ、日々の生活に結びつけたい。今県内の小学生は、五年生になると、学習船「湖《うみ》の子」に乗り、一泊二日の湖上の旅にでかけている。この試みを中学、高校、大学にまでひろげ、湖畔の各地に研修船を用意するのはどうだろう。工夫をこらし知恵をだし、湖上航路の再生の方策を検討したい。

＊一九九七年十二月一日

学問寺・比叡山延暦寺

私は以前に、集落の景観調査で仰木《おうぎ》の里を訪れたことがあるのですが、仰木の人たちが比叡山のことを「お山」と呼んでいたのが印象的でした。「お山」のふもとにある日吉大社は比叡山を神体山とし、岩座《いわくら》といって大きな岩を礼拝の対象にするように、古代から人々が比叡山を身近に感じ、親しみ、尊んできたのだと思います。

伝教大師最澄は「お山」のふもとで生まれ、延暦四年（七八五）、十九歳のときに東大寺で戒を受けたのですが、その後すぐ比叡山にこもって修行に入り、延暦七年に草庵を結び薬師堂を建立します。延暦寺の草創です。伝教大師の書かれた『山家学生式』『顕戒論』には、「山修・山学・山度」あるいは「清浄の出家・度者」という言葉が出てきます。延暦寺のような自然豊かな清浄な世界でないと学問、修行はできないのだということです。「山門の結界」といわれるように聖と俗とを厳しく画したのです。

そして比叡山延暦寺という学問寺を中心にして、日本全土の東西南北に各々一つ、そして比叡山の真ん中、山城に宝塔院（現在の西塔）、それから国の中心として近江の宝塔院（現在の東塔）という六所の宝塔を置こうとしました。

後には横川《よかわ》も慈覚大師によって開かれ、東塔、西塔、横川の三カ所を中心に伽藍・三塔が配置されます。その全体をまとめる中心として、根本中堂が置かれました。

ところで仏教では、仏陀が亡くなって五百年を正法（学問、修行をする時代）、次の千年を像法（お寺や伽藍をつくる時代）、最後に末法がくるとされています。伝教大師は「像末の叡山」といい、像法の末期だと認識していたのです。だからこそ学問、修行を徹底してやらなければならないと考えたのでしょう。こうして延暦寺は三千僧房といわれる学問寺となりました。

僧侶が増えればその生活を支える人（堂衆）、そして生活物資を提供する場所が必要になってきます。山のふもとの東側では坂本に門前町が形成され、琵琶湖の湖上交通の基地として発達し、そこに馬借、車借といった輸送業者たちが集まってきます。西側も西坂本といわれ、赤山禅院などが開かれていきます。

あるいは「天下の三大不如意」の一つに数えられた山法師が法皇を悩ませるなど、次第に学問、修行の道場としてだけではなく、周囲にさまざまな影響を及ぼしていくようになります。

そのように比叡山が聖と俗のはざまで悩みを抱くようになってくると、源信や法然、栄西、親鸞、など中世末に起こる鎌倉仏教の始祖たちが延暦寺で勉強し、そこから巣立っていくようになります。

また、戦国時代になると動乱のなか、信長による比叡山の炎上で多くの堂舎や文化財が失われます。

やがて豊臣を経て、徳川の時代になってくると山門は復活し、今まで延暦寺の修行の場は山上であったのが、坂本に里坊という独自の町なみが形成されます。このように延暦寺はそれぞれの時代に合わせて展開をとげてきたといえます。

昭和三十六年、大講堂再建に先立つ発掘調査では、講堂を尾根上につくるため、岩の上に大きな石を積んでまるい台を石組みでつくり、さらにその上に礎石を置いて柱を立てるという形を取っていることがわかりました。

その後、私はガンダーラの仏教寺院の調査に参加し、いくつかの山岳寺院を調査しました。ここでも、狭い尾根をひろげて寺院を建てる工夫がこらされていました。その一つのラニガト寺院跡では、塔に並んで同じ規模の祠堂が置かれ、仏像がまつられていました。日本でも例えば法隆寺では、五重塔と仏像をまつる金堂が並んで伽藍の中心に置かれています。その祖型がガンダーラで生まれたのです。

仏教寺院の歩みを考えてみますと、もともと出家の僧侶たちは山を歩き「森の生活」を重んじて修行を続けました。やがて雨期には雨安居《うあんご》といって僧侶が集って住むようになり、やがて常住して瞑想を続けているほうがいいということで、雨期が明けても動かない僧侶も出てきました。こうして臨時の小屋でなく精舎（ビハーラ）という定住した僧侶たちの僧院が生まれてきます。有名な祇園精舎もそういうビハーラの一つです。

仏陀は、こうした精舎は「町から遠からず、近すぎず、往来に便利な所」がいいといわれています。延暦寺と里坊の関係に見られるように、やはり聖と俗との一線は引きながらも、互いの交流の場をつくることを延暦寺はめざしてきたのではないかと思います。

最後に、現在、伝教大師に学ぶべきものは何か。われわれは近代になって、科学技術で何でも解決できると信じてきました。しかし、自然を無視してはわれわれの生活は成り立たないし、自然と向き合うなかで多くのものを学びとることが重要であることを再認識するようになってきています。

また、比叡山で、世界のあらゆる宗派を超えた宗教者たちが集まって世界平和を念じ、その方法を議論しています。二十一世紀を迎えるにあたって、世を照らすこのような取り組みがますます重要になってくることと思います。

＊世界遺産「古都京都の文化財」連続フォーラム第十一回講演要旨　一九九八年六月二十八日

（京都新聞　一九九八年七月二十八日）

彦根と能

能楽部が発表の場としている彦根城博物館は、井伊家に伝えられた近世大名文化をの遺産を収納し展示する施設として注目されている。とりわけ、能装束や能面、能小道具などは、その豪華さによって私たちをひきつけている。

彦根と能

近世の大名が能をたしなむようになったのは、五代将軍綱吉のころだといわれている。各地の大名は江戸屋敷や国許《くにもと》の屋敷にきそって能舞台をつくり、演能にはげむようになったという。彦根藩でも、直興によって江戸や彦根の屋敷に能舞台が設けられた。このころ、直興は日光東照宮の総奉行をつとめ、元禄八年（一六九五）には、彦根の大洞山に彦根日光といわれた弁財天堂を建立したり、下屋敷に玄宮園という回遊式の庭園を整備したりしている。この時期は近世の大名文化にみられる転換期でもあったのだろう。

ところが、明治維新によって、近世の大名文化は大きい改革をせまられた。その城郭の多くは撤去され、大名たちも明治の新政府の要員として再編成されることになった。そのなかで、井伊直弼の孫、直忠は異なった生き方を示した。学習院中等科を卒業すると梅若万三郎に師事して能楽に没頭し、能装束や小道具の蒐集にも熱心で、世間にでることを嫌い、年一度の宮中参賀にも病気と称して出かけることはなかったと、井伊正弘さんは追想している（『わが感慨を』『井伊家の歴史と幼時の思い出』など）。

じっさい、横浜に井伊大老の銅像が建立された時、その除幕式の趣意書に「開国の恩人」とあるのをみて反発し、当時の政界の元老、山縣有朋たちは申し合わせて欠席するという事態がおこっている。こうした空気のもとで、直忠は能の修業にかけることになったのだろう。野上弥生子は『迷路』の中で、「尊皇攘夷、徳川幕府打倒を巧みに文明開化主義にのりかえた明治の権力者」にたいし、「開国するか、それとも江戸を黒船の砲火のいけにえにするか、時の大老としての祖父は二つの責木に身を挟まれ」「報いは桜田門の横死」となったことに屈折した思いをいだき、「世捨人となって好きな能楽に逃避し」た生き方をえらんだとしている。

きびしい近代を能楽に傾倒して生き抜いた直忠の思いが、いま彦根城博物館の能楽をめぐる文化遺産として結晶しているのだといえよう。彦根城博物館の能舞台も、表御殿の撤去で井伊神社、護国神社へと移築され、表御殿が彦根城博物館として再現された時、元の位置に復帰したのだった。

＊滋賀県立大学能楽部『淡海能』平成十三年刊

彦根城・表御殿（現・彦根城能舞台）

能楽部が淡海能の発表の場としている彦根城博物館・能舞台は、もと彦根城の表御殿の能舞台であった。この彦根城・表御殿についてみてみよう。

彦根城博物館から、坂道をたどり、天守のたつ本丸に達し、東に広がった台地に眼をこらすと、平たい石の列と小石を敷きつめた石敷の列が見えてくる。これが天守の東に建っていた「御広間」の跡である。「井伊家年譜」には、「本丸お広間ならびにお台所、長局などがあり、直継公在城の頃はこの広間にいます」と記されている。築城当時の藩主の居館であった。やがて、山麓に表御殿が築かれるとこの「御広間」は居館の役割を失い、作業方の木材の倉庫となり、撤去されはしなかった。「芹川の土手や安清町辺りから、天守を眺めると、城内の建物の棟が重なって見え、様子（景観）がよかったので、取り壊さず、そのままにしておいた」（同上）と記されている。

表御殿は天守の建つ彦根山が南と西にせまる麓に、元和八年（一六二二）ころ、造営されたという。表御殿は大きく表向と奥向の二つに分かれ、いま表向の部分は外観を復元し、博物館展示室として活用され、奥向の部分は木造で室内の舗設《しつらい》も、往時のままに復元され公開されている。表向は藩の公的な空間で政庁の役割をはたし、書院造の建物が雁行状にならび、桃山風の障壁画で飾られていたという。遠侍は「諸士勤番をなす」（御城格見聞記）と、藩士が政務にあたる場であり、黒書院は「毎年元旦、藩主は年賀を受けられ、諸士は拝賀し、お盃をいただく」（同上）と記されている。表向の諸室は、藩の家臣が政務にあたり、藩主が家臣と対面する場であり、また御守殿は将軍上洛にあたって宿泊施設として用意された接客の場として用意され、大名の公的な生活空間を形づくっていた。この表向の一郭に能舞台がおかれ、大名文化の一端を示す場ともなったのである。

これに対し、奥向の諸室は、藩主とその家族のための全く私的な空間であり、小さな部屋がならび、長局とよばれる小室が一列にならび、表向の諸室とは異なるやわらかな空間を形づくっていた。この大名の私的な空間は延宝年間（一六七三―八一）になると、さらに大きい展開をみせる。内堀をへだてた第二郭・内曲輪に槻《けやき》御殿が建てられ、今の楽々園・八景亭などが建つ広大な庭園を持ち、のびやかな「太平の世」を表徴するような空間がひらかれた。「御まつり事のいとまにおはしまして御逍遥したまう所なり」（北園の記）とあるように大名が政務の合い間に散策をたのしむ場となっていたのである。たしかに、表御殿の表向の空間と比べて、その機能も、うみだす雰囲気もまったく異なる空間が奥向の諸室では形づくられていたのである。ここに、「徳川の平和」を謳歌しつつあった大名とそこにうみだされた大名文化の変化をよみとることができる。

たしかに、彦根城博物館として復元された表御殿は城下町彦根でうまれた大名文化を表徴するものであり、天守の下の広間—表御殿—槻御殿—松原御殿への動きに、大名文化の変容と展開の跡をたどることができる。

＊滋賀県立大学能楽部『淡海能』平成十四年刊

彦根城博物館　能舞台

淡海能を演じる能舞台は表御殿を復元した彦根城博物館のなかでも、とりわけ注目される建物である。表御殿で公的な行政機関の役割をはたした表向の部分は現在、博物館の展示空間として活用され、大名の私的な生活の場であった奥向の部分は往時の姿そのままに復元されている。そのなかで、能舞台は往時の遺構をそのまま元の位置にもどしたものである。移築の際に主要な部材は殆んどが当初の材であり、棟札から享保十四年（一七二九）の建築であることが明らかになった。

ところで、能舞台は近世の初頭、すでに今みる舞台、橋掛り、鏡の間の構成を形づくっていたようだ。能は江戸幕府の武家式楽に定められ、慶長十三年（一六〇八）の幕府棟梁の平内家の技術書『匠明』をみると、「当代広間の図」のなかに、能舞台と主殿の関係が記され、舞台は上段の間の正面に相対する形で、白洲をへだてて向きあっている。上段の間はもっとも格式の高い公的な対面の場であり、同時にもっとも格の高い観能の場となっていたことがわかる。こうした構成をもつ能舞台の遺構は、天正九年（一五八一）の墨書きがある京都の本願寺北能舞台（国宝）にみることができる。

もっとも、能舞台の構成がはじめからこうした形に定まっていたわけではない。十五世紀のなかごろ、京都の洛北、賀茂川と高野川が合流する辺りで行われた『紀河原勧進猿楽』の図をみると、舞台の真後の中心軸線上に橋掛りがとりつけられている。しかし、この時期の能舞台の遺構は残っていない。というのも、当時能舞台は常設ではなく仮設で、臨時に建てられたので遺構はみられないのだといわれている。

じっさい、彦根城表御殿でも、宝暦六年（一七五六）の絵図には、雁行状につながる奥の三室のうち、二室を三間四方の敷舞台に改め、脇座、後座、橋掛りなどに改装している。後座の奥には「はめ」と記され、老松・若竹を描いた羽目板が用意されたのだろう。脇座、橋掛りには「高らん」がめぐらされていたが観能の場は小さく、練習や内輪の舞台として臨時に設けられたものらしい。

やがて、文化十年（一八一三）、表向の御殿に本格的な能舞台が構築された。これが、今みる能舞台で、十一代藩主直中の隠居の際に建てられたという。この能舞台は近代になっていく度もの転変をうける。明治維新によって表御殿は政事館と名を変え、廃藩置県で彦根県庁、明治八年（一八七五）には陸軍省の兵舎となり、翌九年は城郭一帯で彦根博覧会がひらかれ、十一年には城内の建物の一部が大津兵舎に移され、他は公売に付されたという。この時、表御殿は姿を消したのだろう。さいわい、能舞台はとり壊されることなく、明治二十年、大洞山麓の井伊神社に移築された。いっぽう、明治二年戊辰の役での戦死者をまつる招魂社が第三郭の内町、埋木舎の近くに設けられ、その後あいつぐ大戦での戦死者をまつる神社となり、昭和十三年（一九三八）、護国神社と改称し、戦後の二十三年には沙々那美神社に、二十八年には再び滋賀護国神社と改められた。井伊神社に移築された能舞台は二十五年沙々那美神社に移築され、二十八年には同じ護国神社境内で引き家で移されている。その能舞台が表御殿の復元による彦根城博物館の建設によって、本来の地に復活することになったのである。

＊滋賀県立大学能楽部『淡海能』平成十五年刊

四、近江にみる町づくりの実験

びわ湖をめぐる町づくり

近江の位置

私がお話するのは「びわ湖をめぐる町づくり」についてですが、これから皆さんが町づくりをされるに当たって何か参考になればと思っています。

今近畿圏という言葉がありますが、そのもとになるのが畿内という古代の都城を中心にした地域であります。しかし、近江は畿内には入らず、「畿内・並びに近江」というように表現される場合が近世にいたるまでみられます。近江は畿内にはいっていないのです。

しかし、三関（伊勢鈴鹿、美濃不破、越前愛発）の位置から見ると、都城を守る位置、関の内側であるとともに、また中央に近いが中央ではないという微妙な位置に近江はあったのです。

古代国家と近江

さらに町づくりにとって見逃せないのがびわ湖の存在・びわ湖との関わりだと思います。古代の国家と近江を考えてみると、たとえば現在発掘調査によってその規模が明らかにされつつある大津京があります。現在は近江神宮近くに大津京の発掘跡が公園化されていますが、この地点にたち、山と湖の関係を眺めたとき、後の平城京、長岡京、平安京などと比べると規模はそれほど大きなものでないことがわかります。しかしここで天智天皇は古代国家のデザインを試み、ここで古代の「都城」の原型を描こうとしたのではないかと思われます。つまり後の古代の「都城」の原点が大津京にあると思います。

さて平安時代になると比叡山延暦寺の存在が重要となります。延暦寺は平安京にとって都の鬼門にあたり、王城鎮護の寺として建てられました。また近江側についても、近隣の人は現在でも「お山」と言って親しみを持ち、また敬意を払って比叡山と対しているのです。このように鎮護国家の道場として延暦寺が開かれたことは大きな意義をもっています。つまり、俗の世界を絶ち、自然と向き合いながら修行を続ける道場、平安京以来の学芸の中心の地が、近江にできたということです。

比叡山にはかつて三塔十六の谷、三千の僧坊が立ちならんでいたといわれます。そうして、修行僧の学生《がくしょう》やそれを支える堂衆が集まり、ひとつの山上都市が形成されたのです。やがて山下の坂本が門前の港町として栄えるようになり、重要な港町として展開を遂げるわけです。

戦国動乱の世に新しい町づくりを

中世には町づくりについて大きな変化が出てきました。中世末期の動乱の時代、近江各地には自治と自衛の村づくり、町づくりが生まれてきます。菅浦、今堀、堅田、金森《かねがもり》などが挙げられます。この時期、比叡山延暦寺の性格が変わってくるにつれ、鎌倉仏教が生まれてきます。そのなかのひとつ、浄土真宗の蓮如は大谷の坊舎を破却され、京から堅田に逃れてきます。当時、堺が国際的自由都市といわれていたのに対して、堅田は内陸の自由都市としての町づくりをすすめていました。つまりヨコに結びつく町づくりをしていたわけです。蓮如は焼失した本願寺の再建、教団の復興についての方向を堅田や対岸の守山市の金森における布教活動のなかで見いだし、それを実現させたのが福井の吉崎だと思います。蓮如は以後、山科、石山本願寺へと移っていくのですが、堅田の町づくりは本願寺の寺内町を生み出すモデルの町となりました。寺内町の原点が堅田や金森にあったといえると思います。

さて先ほど、武士が巨大化していく戦国の世の中にあって、近江では武士が抗争を続けるなかで、地域単位でヨコに結びつく武士団がいたことに注目しなければなりません。甲賀や伊賀の武士です。

彼らは互いに抗争するときがあっても、危急のときには互いに連絡を取り合い、野寄合・野外集会をして襲い来る外敵に対抗したという記録が残っています。

中世末の動乱期のなかで、近江にはこうしたヨコに結びついた町づくりをする村や商人、またヨコに結びついた武士団がいたということは注目すべきことです。

いま、甲賀や伊賀の武士団は忍者集団として位置づけられていますが、彼らは伊賀や甲賀の地に住み、物や人が動くことに注目し、人や物の動き、情報の伝達の速さがどれくらい大切かということを知っていたわけです。そこで間道を駈け抜けることによって、いかに情報伝達を速くするかという特殊な技術を磨いていったのです。そして近世になり、この特殊な技能を備えた武力集団が『忍び』として、甲賀忍者、伊賀忍者として位置づけられたのではないでしょうか。

すなわち、甲賀や伊賀にはヨコに繋がる町づくり、共和国への夢があり、そこに地域づくりの意味もあったということを忘れてはならないと思います。

タテに結びつく町づくり

また近江は天皇がおられる京の近くに位置していたという地理的要因も重要です。武力で天下を統一しようとする戦国武将は、京へ上洛し天皇から征夷大将軍をいただき、天下に号令しようとしたのです。とりわけ、東国の武将にとって近江の地は重要でした。武田信玄は上洛の途中で死にますが、その遺言に「明日は我が旗を瀬田にたてよ」といっています。瀬田川を渡らねば京へ上れないわけです。天下布武をめざす武士にとって近江の土地はまさに難関であり、重要な土地でした。そのため近江にはたくさんの城が築かれていたのです。先年、文化庁で中世城郭調査がありましたが、近江には他県に比べて桁外れの数の城跡があります。

さて城は、山城から平山城、平城へと移っていくと一般に言われています。また江戸時代の軍学者は堅固三段といって、戦闘本位の城である『城堅固の城』からやがて『所堅固の城』、そして領国全体を統治する『国堅固の城』というように変化すると分類しています。その城の変化を如実に表わしているのが、近江であります。

こうして城下町が形成されてゆくのですが、城下町における町づくりは、相互に信頼しながら形成されていったヨコに結びつく中世の町づくりとは違い、タテに結びつく町づくりであります。これは武力抗争をし、成りあがっていった戦国武将にとって、いつ臣下に寝首をかかれるかもしれないわけです。光秀の反乱をみれば明瞭です。常時、戦国武将は不安であり、人間不信におちいっていたと思います。そこで、彼らは城下に家臣を集め忠誠を保証し、君臣関係を確証するために人質・証人を要求したのです。そしてこの人質・証人が城下町による家臣団の構成と集団居住につながっていきます。

そういう過程が近江の城下町の形成と変化にしめされます。現在調査中の上平寺城でも確認されています。そして城下町の原型を形づくられたのが、長浜であり、近江八幡、そして日野であって、中世末から近世初期をいろどる城下町があらわれてきます。近世の各城下町では兵農分離、商農分離を行ない、武士、商人、職人は城下町へ、農民は農村へと身分制で地域的に生活空間を分離します。こうして武士は在地性を失い、城下町に住む官僚となります。

そのようななかで安土は違っています。中世の城下にみられたように、商人や人質を城下に置いたという点です。各地の武将・大名は信長への忠誠を示す形で重臣たちに安土城下に邸宅を構えることを強制するわけです。これは近世を分けるところで、中世の城下町の形態をとっています。やがて参勤交代の制度として、人質証人の制度は江戸時代を通じて貫かれたわけです。

地方城下町では居住区を分離したため、もはや人質は要らなかったわけです。しかし、江戸時代には大名が各地にある城下から証人を江戸に置くという制度が敷かれたのです。現在の霞ヶ関周辺にある大名の邸宅跡がそうです。したがって安土城は、地方城下町とは異なり、その後の大坂城や江戸城の原点となる中央城下町の基本構想で構築されたといえます。

近世の城下町と街道整備

近世の地方城下町として完成した構成をのこしているのが彦根であり、ここでは身分制の秩序によってきちんと計画された城下町が建設されています。各藩は参勤交代によって江戸との往復を強制されました。幕府は参勤交代をすすめるに当たり、街道の整備をします。近江は五街道の内、東海道と中山道があり、なかでも草津はこの二つの街道の分岐点で、重要な位置を占めました。

参勤交代のために整備された街道は大名、武士のみならず、物や人も街道を動きました。そんななかで草津は文化的にもおもしろい展開をみせました。

石の長者として有名な木内石亭は坂本に生まれ、草津に婿入りした人ですが、各地の石や鉱物を収集しました。この石亭のコレクションは後に日本の博物学、考古学の原点となったわけです。草津が持っている地理的位置、あるいは近江が交通の要地にあったということが石亭の収集にとって大きな役割をはたしたと思います。

在郷町――町人の町への再生

近世にとってもうひとつ注目すべきことは、兵農分離、商農分離による城下町のほかに在郷町という町人の町があります。これは近世初期に廃城となったもと城下町の長浜、近江八幡、日野などがあげられます。

ところで秀吉が長浜に町をつくったのは鉄砲の生産地・国友を押さえるということがひとつの目的

であったといわれます。彼は天下人となると、刀狩りをします。中世末に自衛していた百姓や町人から武器をとりあげ、すなわち自衛権を否定するわけです。そのなかで長浜はどうやって町人の町へと再生したかをみますと、長浜の国友では鉄砲生産から曳山まつりの山車《だし》の錺金具《かざり》や錠前など、鉄砲製造の技術を守りながら、その技術を応用、転換したのです。やがて幕末には国友一貫斎が鉄砲作りの技術を利用して天体望遠鏡を作るという新たな展開をはかり、新しい文化を生み出しました。一方、京都が独占していた機織り技術が宮津の丹後にちりめん技術の移転が行われた一〜二年後、全国各地に機織り技術が広まっていきました。長浜では現在のびわ町難波村の中村林助と乾庄九郎がその技術を導入し、やがて浜ちりめんとして経済力をたくわえ、町の再生を成しとげたのです。そしてその町の再生の歓びを謳いあげたのが曳山まつりです。

ときに、街道が整備され、商品が流通する経済社会となります。限られた俸禄によって生活しなければならない武士もこの商品流通の波の中に巻き込まれるわけですから、貧窮していきます。そこで江戸後期の経済学者である海保青陵は次のようなおもしろいことを言っています。つまり「武士が貧窮して困るのは工夫が足りないからだ。参勤交代でただぼんやりと歩いているのでなく、その土地にどういう国産があり、そしてどのようなものが不足しているかを確かめて来なければいけない。工夫をすれば武士の生活は豊かになる」そこで国産売り捌きというものが始まるわけです。簡単に言えば武士が商売をするわけです。また海保青陵は「君臣関係も代物売り買いの論理で成り立っている」とまでも言っています。このような風潮のなか、彦根藩では浜ちりめんに目をつけ、国産売り捌きを始めたのです。

さて長浜が技術革新によって都市の再生をしたのに対し、近江八幡では、天秤棒を担いで遠隔の各地に出かけることによって、商品を動かして商売をし、各地に出店を設け、富を蓄積するという商業都市としての展開をしていきました。これは日野や五個荘にも同じことが言え、現在でもこれらの町には伝統的な近江商人の町なみがのこっています。

しかしながら、町家といっても洛中洛外図に見られるような店先に商品を並べている町家ではなく、いわゆる「しもた屋」と呼ばれる形をとっています。近江八幡や日野には本店機能をもつ町家があり、各地にも支店を構え、その間を往来して商売をしていたのです。そして支店で得た財を本店にもち帰って蓄積したのです。近江商人の主人は常時、近江には居らず、各地に出かけるという形で各支店をまわっていました。そこで本店をまもっていたのが近江商人の夫人、奥さんでした。河内屋可正旧記には、「商人はリスクが多いので商売とあわせて農業もやり、車の両輪のようにすべきだ」と書いていますが、近江商人もリスクを保証すべく、得た財で土地を買い、田畑を持っていました。そしてその管理をしていたのが、奥さんであったのでしょう。この近江商人の世界を描いたのが外村繁の一連の小説であります。

また近江八幡には飛脚仲間が情報伝達の役割を果たしていました。荻生徂徠はそういう動きを見て

「商人を通じて一枚となる」これは非常に危険なことだといっています。つまり本店と支店を結ぶネットワークが通じることにより、物価をコントロールすることができるわけであり、ひょっとするとそこまで近江商人は通じていたかもしれません。

しかし残念なことに近江商人は近代国家を構想する意欲がありませんでした。もし近江商人が意欲をもち、新しい近代国家のデザインをする能力を発揮していたならば、薩長・土肥の武士によってつくられた近代国家とは違う、商人の国家が日本列島に生まれていたかもしれません。歴史にｉｆは禁句でありますが、近江商人は一歩手前まで行きながらも、近代国家形成をやらなかったのではないかと思うのです。

これからの町づくり

近江の人々は常にびわ湖の湖上と街道を往きかう人と物を見、それに刺激されながら、それぞれの時代の先駆的な町づくりをすすめてきたと思います。また町づくりを実験的にすすめたのが近江であります。近江には古代以来、多くの文化財があり、伝統があります。それらをうまく活かしてこれからの町づくりをしていかねばならないと思います。

長浜ではみごとに黒壁という明治建築を再生し、新しい町づくりをしましたし、雨森では雨森芳洲の顕彰をきっかけとして、韓国・朝鮮との交流を続け、伝統をいかした町づくりを全国に先駆けて行なっています。

最後に古代より栄えた湖上運送は、河村瑞軒による西回り航路によって衰退し、また京都も大阪に商業拠点を奪われてしまったわけですが、単に近畿の水がめとしての役割だけでなく、びわ湖についてもう一度見直して見る必要があると思います。

たとえば、阪神大震災の際、陸上輸送が寸断された時、かわって海上輸送が活躍したように、災害を予想した検討が必要であると思います。現在滋賀県ではフローティングスクールといって小学五年生になると全員が『湖《うみ》の子号』という船に乗って湖上学習をしています。これから、県内の大学の各学部毎に一隻ずつの実験船を持って、陸から眺めるびわ湖だけではなく、湖上からびわ湖を見つめることが大事ではないでしょうか。そして緊急時にはこれらの船を災害救済と物資輸送に利用するということができるのではないでしょうか。

＊日本学術会議　近畿地区会議　公開学術文化フォーラム「びわ湖と共に生きる」講演要旨、滋賀県立大学交流センター、一九九九年十一月五日

町づくりの知恵

今日お話しますのは、「町づくりの知恵」について、私が、日頃考えていることを、お話して、皆さんの参考になればと思っております。

＊

最初に、町というものは、人間が集まって形づくっているものですから、人にはそれぞれの顔があり、そして性格があるように、都市もまた、それぞれの町に固有な顔があり、そして、独自の性格・個性といいますか、伝統があると思います。

滋賀県というのは、おもしろい地域で、それぞれ個性をもった町や村が多いのが、ひとつの特徴ではないかと考えています。

いろいろな町が、それぞれ独自の伝統をもち、独自の町なみというものを形づくっていると思います。ここにおられるのは、彦根に住んでおられる方が多いと思います。彦根の町なみは、よくご存じだろうと思うし、彦根の顔として、彦根の城を思いうかべられるでしょう。これは彦根の都市の性格を示しています。このように、それぞれの地域には、それぞれの個性と顔のようなものがあると思います。

もちろん、彦根市でも、鳥居本に住んでいる人たちにとって、地域の顔のようなものは何かと考えた時、おそらく彦根の城とは思わないでしょう。彦根の城は佐和山によってかくれています。むしろ、鳥居本の人たちにとっては、鳥居本の町なみでは「神教丸」のあたりの町なみとか、佐和山を思いうかべるでしょうし、高宮の人なら高宮の町なみであり、多賀大社に通じる大きな鳥居を思いうかべるでしょう。というような形で、それぞれの町、それぞれの地域が、それぞれの特色を示し、そのシンボルを心にえがきつつ、生活しているのだと思います。

そういう意味で全体の町のことを見ていくと、かつて城下町だった彦根の近くにある長浜も、もとは城下町で城があったのです。現在は、昭和に復元された城がありますが、もとの城とはわざと位置をずらして建てられております。むしろ長浜の人の心を結びつけてきたのは、大通寺という大きな伽藍であり、八幡社であったと思います。長浜で独自な「黒壁」のあたりが、今では非常に活気をおびて町づくりの中心的な役割を果たしているように思います。

次に、近江八幡についてみてみましょう。近江八幡は彦根や長浜とは、また違った町なみをもっています。もともとは近江八幡も城のある城下町でしたが、今は永原町や新町付近が国の重要伝統的建造物群保存地区に選定され、その特徴的な町なみをよく残しています。その町なみの一角に「かわらミュージアム」という、近江八幡の地場産業である八幡瓦の工房を中心に博物館がつくられました。

今、お話しました彦根も、長浜も、近江八幡も、江戸・近世の始めに建設された城下町で、城を中心につくられた城下町であるという共通した歴史をもっています。この三つの町のうち、最初に建設されたのが長浜で、一番古いわけです。長浜は豊臣秀吉が建設した城下町で、おそらく今の城が建っているあたりが長浜の町の中心であって、その辺に武士が住んでいたのでしょう。皆さんも知っておられるように、秀吉は、長浜ではじめて大名になった人です。それまでは、信長の家来にすぎなかったのですが、長浜の城を与えられて、そこに城下町を作り、自分が家臣をかかえるという、秀吉にとっては、きわめて記念すべき城下町であったわけです。長浜の人も、秀吉をそういう意味で親しみを持っているようです。

そして、信長は武将としての秀吉の長浜の町づくり、城下町建設に、非常に関心を持って見ていたと思うのです。城下町建設という実験を自分の武将にやらせながら、信長は、もっと大きい中央城下町の建設を夢見ていたのだと思います。それが安土なのです。安土はそういう意味で信長が天下を統一するという目的で建設した城下町です。長浜が長浜一円の城下町であり、近江八幡が近江八幡の周辺を統制した城下町の中心であった。また彦根城は彦根という城下町の中心、彦根藩の中心としてつくられたのにたいし、安土はちょっと違った城下町だと思います。つまり信長が天下を、日本全土を支配のもとにおくという強い意志のもとに建設した城下町だと思います。だから、彦根や長浜、近江八幡などの地方の城下町とは違った性格を持っていたように思います。何よりの証拠に、近年の調査ではっきりしているのですが、信長の城下町である安土には秀吉の館がおかれたり、家康の館がおかれたりしているわけです。いうならば城下町の中でも安土は首都的な位置を占める中央城下町をめざしたのです。

現在日本にはたくさんの町がありますけれども、首都というのは東京です。だから東京は政治の中心であり、今は政治も経済も、文化さえ中心になるという形の役割を担っております。そういう首都の原形を明らかに自分の力によってつくろうとしたのが信長だと思います。で、信長はそういう大きな町づくりをする過程で、自分の武将である秀吉に関心をもって見ていたのだと思います。

しかし、信長の夢見た安土は、信長が天下を統一する直前に、本能寺の変で暗殺されますから、彼の夢は砕かれるわけです。その象徴であった安土城が炎上します。ついで、秀吉が信長の後を継いで、単なる武将ではなしに、天下を支配する天下人の地位に駆け昇ったわけです。その過程で出てくる町が近江八幡ですね。安土が焼け落ちますと安土の町が移動するような形で、秀吉の養子豊臣秀次の城下町として近江八幡が建設されました。これは非常に大きな意味をもっていたと思います。秀吉は大坂に居城をおきます。大坂が彼の天下を支配する中心です。信長が安土に城を築いて天下一統の中心としようとしたように、秀吉は大坂を天下統一の中心にしたわけです。秀吉は信長が夢見て実現する事ができなかった天下統一の支配者としての地位にたったわけです。実子がなかった秀吉は養子の秀次に八幡城をつくらせました。秀吉の後をつぐ天下人を予定されていた秀次の城下町ですから、近江八幡は非常に強い位置を占めていたのではないかと思います。

しかし運命は皮肉なもので、秀吉に実子秀頼が生まれます。そうすると秀次の人生は大きく狂い、彼は結局、高野山で自害させられるわけです。この運命の転変が秀次の居城であった近江八幡にも及び、近世になると、近江八幡は城下町でなくなるという運命をたどります。

＊

町によってもそれぞれ歴史が全部違うわけです。彦根も長浜も近江八幡も共通した城下町として建設されたことでは同じ性格を持っているのですが、その後の歴史は異なった展開をみせます。徳川家康が天下の支配者として江戸に居城を築きます。江戸が天下の中心となります。徳川幕府の譜代大名として井伊軍団が、この彦根に城下町を築くことになります。湖東の歴史の中で、まず長浜が城下町として出発し、そして次に安土城があり、そして近江八幡に城ができて城下町が建設され、そして江戸時代になって彦根に城下町が築かれます。この三つの城下町を見ると、もっとも後発の城下町が江戸時代にできた彦根だといえます。で、彦根は長浜や近江八幡に比べて江戸時代の完成した城下町の特色をよく備えています。彦根ほど日本の城下町の中で、江戸時代の城下町の骨組みをよく残した町はないと思います。江戸時代の中心であった江戸では、今皇居になっている江戸城があるだけで、町の中にはほとんど江戸のなごりというものはなくなっています。だから、彦根の町なみのもっている意味は非常に大きいのです。おそらく日本の全土にたくさん建設された城下町の中で最も江戸時代の城下町の骨組みをよく残し、町なみをよく伝えているのは彦根だと思います。

彦根城の麓に、彦根城博物館があります。この建物は表御殿を復元的に建設したものですが、これは彦根藩の県庁のようなもの、政治の中心です。その政治を行った場所が今彦根城博物館の展示施設になっています。表御殿のなかの表という部分です。表というのは藩主と対面し、政治をするところです。奥の部分というのは藩主・大名のプライベートな場所、つまり奥ですが、奥さんという呼び方がまだ日本には残っています。表に対する奥です。だから奥は女の人が中心であって、男は大名だけしかそこに出入りする事ができない。奥向きは今、江戸時代のままの形で復元的に保存されています。表の部分は、展示場として博物館施設の形をとっています。こういう表御殿の形式で政治の中心としての表御殿の形をよく残しているのは彦根城博物館しかないと思います。ところが彦根城博物館のある場所は、すぐ後に山があるため日の当たる時間が短い、日当たりの悪いところだったのでしょう。やがて堀をへだてた向こう、内曲輪《うちくるわ》に槻《けやき》御殿が設けられます。今の楽々園、八景亭のある場所で、下屋敷とよばれていたところへ大名の私生活の場は移るのです。さらに、今、井伊家が住んでおられる松原のお浜御殿へと移るのです。そういう大名の生活文化の形をよく残しているのが彦根です。他の城下町にはこのような江戸時代のおもかげがあまり残っていませんが、彦根は江戸時代の伝統・おもかげを色濃く残しているのです。

それに対して長浜はどうでしょうか。江戸時代のはじめに城は撤去されます。そして、長浜の城の部材、石垣とか柱とか梁などの建築部材を全部解体して、別の場所に移建されました。この解体・移築は木造建築の特色なのですが、長浜の城を撤去して、また佐和山城など近辺の城を撤去し、その部材でつくったのが彦根城です。つまり彦根城が築城されたとき、すでに長浜には城がなかったわけです。

*

ついでにいいますと、彦根城の天守の建物は、もともとは大津にありました。今の浜大津のあたりにあった大津城を解体して、その部材で彦根城をつくったという記録が残っており、先年の彦根城の天守の解体修理の時にそれを確証づける調査がされました。彦根城をつくるため、その周辺の城は解体されたのです。長浜は城下町として建設されましたが、城下町の期間は短く、江戸時代のはじめには、町人の町へと転換するのです。町の中心であった城がなくなり、そして武士がいなくなったのですから、これは大変な事態です。しかし、長浜は廃都となることなく、城下町から町人の町へと転換し、生き抜こうとします。城にかえて、大通寺を新しい町づくりの中心としたのです。ここが、長浜のおもしろく、注目すべきところです。長浜の人たちは、町を生きながらえさせ、再生させるために、技術を重視します。

長浜には国友という集落があります。国友鉄砲という言葉を聞いたことがあるでしょう。最初に日本に鉄砲が入ってきたのは種子島でしたが、いつの時代でも日本の技術移転はすごく早いのです。種子島に鉄砲が入ると、その技術は飛び火して、堺に移ります。また、根来《ねごろ》に移ります。そして、ほとんど時を移さず国友に鉄砲の技術がはいってきます。おそらく鉄を加工する技術があったのでしょう。だから、国友で鉄砲が作られることになったのです。秀吉が長浜に城下町を建設したのは、おそらく国友を押さえるということも意図したのだと思います。鉄砲を押さえなければ、天下を取ることはできないし、武力を高めることができないと考えたのでしょう。おそらく長浜に城下町をつくった原因のひとつがこの国友であったと思います。また当時から技術に対する関心が強かったのが長浜の特色だと思います。

しかし、歴史は皮肉なものです。この秀吉が天下人となっていく途中で、彼がとった政策は「刀狩り」なのです。いわば、人びとが鉄砲を持ったり、刀を持ったりするのを禁止したのです。刀や鉄砲など武器を持つことのできるのは武士だけで、それ以外の者は、町人も農民も、鉄砲や刀を持ってはいけないということになったのです。国友には大へんな危機がおとずれます。こともあろうに長浜の城下町をつくった秀吉が刀狩りという政策をとることになったのです。鉄砲の生産地である国友は、非常に困ったのです。

江戸時代になり、徳川幕府の御用鍛冶や、彦根藩をはじめとする各藩のお抱え鍛冶となった者もありましたが、社会が安定するとともに鉄砲の生産は衰退をたどります。しかしそういうなかでも国友の技術をまもり、伝承するとともに、錺《かざり》金具や花火の製造など自らの技を生かし、活路を見いだしています。技術に対して非常に関心が強かったのです。そして注目すべきは、国友一貫斎という人が幕末になってあらわれ、外国から入ってきた空気銃の技術を江戸で見て、それを国友で作るのです。またその技術で天体望遠鏡を作っているのです。その天体望遠鏡で夜空の星をながめる天体観測、いわば天文学のはしりのようなことをはじめたのが国友一貫斎なのです。このような技術の継承こそが、長浜で注目すべきことだと思います。

もうひとつ長浜では、長浜を町人の町として、その経済力を確固としたものにし、活気づけたのが浜ちりめんだと思います。江戸時代の中頃まで、機織りの技術は京都西陣に限られていました。ところが江戸時代の中ごろ享保年間に、西陣で大火があり、今で言う技術移転がおこります。機織りの技術が西陣から丹後に飛ぶのです。丹後ちりめんです。西陣の技術が丹後に移ると、まもなく、丹後から長浜へ移ります。浜ちりめんです。そして次は関東の桐生へ移るというように、地方各地に機織りの技術が伝播しました。長浜は浜ちりめんで経済力を蓄えたのですが、この動きに注目したのが彦根藩です。そのころ藩の事を「国」とよんでいましたが、彦根藩の国産としての浜ちりめんを注目するわけです。浜ちりめんを奨励し、独占して国産として売りさばいたのです。これは画期的なことで、本来武士が商売をしてはいけないのですが、藩がそれを専売したのです。重商主義への転換です。このように、浜ちりめんで長浜は経済的に町人の町として復興しました。

その歓びを歌いあげたのが、長浜で今も盛大ににぎわっている曳山まつりだと思います。長浜の曳山には国の重要文化財に指定されている見送幕が二点ありますが、いずれもベルギー製のタペストリーで、京都や加賀から買い求めたと言われています。ちなみに鳳凰山の見送幕は京都の祇園祭、大津祭の見送幕に同様のものがあり、つなぐと一連のストーリーが構成されます。長浜が町人の町として復興したことを歓び、その心意気をあらわしたのがまさに曳山まつりなのです。

＊

次に近江八幡はどうかと言うと、秀次が失脚し、やがて八幡も城下町でなくなるわけで、長浜とは違ったやり方で生きていこうとしました。商売によって再生しようとしたのです。よく近江商人は天秤棒をかついで商売をはじめたと言われます。近江八幡の商人の特色です。だから、近江八幡の商人たちは長浜で作られた蚊帳などの産物を地方へ持って行き、地方からその地の物産を仕入れて近江八幡へ持って帰り、それを売るという、いわば遠隔地との商業活動をはじめたのです。やがて天秤棒で移動するだけでなく、京都や江戸、あるいは仙台、大坂など各地に出店を設けます。そして出店を通じて商売をするということを始めるわけです。

皆さんは商社を知っておられるでしょう。たとえば伊藤忠、丸紅などは近江商人の伝統をひいた近代商社ですが、近江商人は近代商社のはしりのようなことをはじめたのです。近江八幡、日野、五個荘などがその中心です。近江八幡は近江商人の本拠、つまり情報の中心です。旦那は各地の支店を歩いて留守にしているわけです。極端にいえば、盆、正月しか帰ってこない。その間、本宅の屋敷をまもる、家をまもるのは奥さんなのです。つまり近江商人の奥さんは、そういう意味では強い力を持ち、大きい役割を果たしていたのだと思います。それが発展したのが近代商社であって、近代商社のはしりは近江八幡や日野や五個荘でつちかわれたともいえるのです。

近江八幡の町なみを見ると、長浜や彦根の町家の町なみとはちがっています。表通りから見ると商売をやっているような感じには見えません。もちろん近江八幡にも普通の町家もあります。しかし、特徴的なのは、しもた屋風と言って、表から見たら格子戸があり、見越しの松があり、非常に静かな町なみをつくっているわけです。しかしそこには、各地からどんどん情報が入ってきて、そこに番頭さんがいて、その後に奥さんがいて、商社の本店のような機能をはたしていたわけです。情報についてはそれを差配するという近代商社のようなことをしているわけです。だから近江八幡の町なみはいわゆる町家でも、しもた屋風です。通りの町なみは洛中洛外図屏風にえがかれた、商品をならべるようなみせ棚はなく、格子戸で閉められているというようなかたちです。町なみをきれいにしたのも、その財力によるものだと思います。表の町なみの間に庭をもうけて、そこに「みこしの松」が町なみのなかに点在しているのです。近江八幡や日野やあるいは五個荘などに固有ないわゆる商社機能をもった町なみを作っているのが特色なのです。

だから皆さんが町なみを見られても、町によってそれぞれの町の歴史とか、伝統を色濃く投影しているように思うのです。それぞれの町が、たとえば長浜も近江八幡も近世の初頭に城下町でなくなった時、町人の町をよみがえらせるために非常に苦労し懸命に努力しました。その伝統が今に残っていると思います。

*

同じような苦労をしたのは、江戸時代三百年続いた彦根の城下町です。井伊家は徳川譜代大名の筆頭です。井伊家の手厚い保護がある城下町彦根は、非常に安定した城下町としての生活が三百年間にわたり営まれていたのです。

それだけに明治になり城下町でなくなった時の危機意識は強かったと思います。今の彦根の人は意識していないかも知れませんが、おそらく彦根の町の中心部から武士がはなれてしまったのです。明治維新になると城下町の中心に住んでいた武士は江戸時代の武士の俸給を与えられなくなり、彦根城下町からはなれざるをえなかったのです。

今小泉内閣は「聖域なき構造改革」といっていますが、近代のはじめ明治維新というのは本当に聖域なき構造改革をやったのだと思います。その大きい被害をうけたのが城下町です。おそらく日本の全土の城下町で、武士は今までの生活が出来なくなり、その中心部からはなれていきます。したがって、彦根東高校や裁判所のある内曲輪《うちくるわ》あたりに住んでいた代々家老クラスだった人びとや、内町や外町の武士たちもはなれていったのです。

近代になると維新の新政府の改革で城下町の中心部は空洞化します。ほとんどの大きな城下町は改造されてしまうわけです。

ただ幸か不幸か、徳川譜代大名の居城・彦根は、井伊直弼による安政の大獄という事件も影響したと思います。幕府に対抗した薩摩や長州の勢力が明治政府の中心になり、彦根の町は日のあたらない異端の町になるわけです。彦根の人びとは非常に屈折した近代を送ることになります。大名のほとんどが明治政府の要員に組み入れられたり、あるいは陸軍や海軍の要路についたりしましたが、井伊家はそうではありませんでした。井伊家の当主、直弼の孫である井伊直忠はそういう動きを横に見ながら、「能」に関心をもち能楽に専念されるわけです。当時、大名がつちかってきた能の伝統的な文化は捨てられていきました。しかし彼は能に熱中し、能装束や能の小道具を集め、コレクターになったのです。これが今の彦根城博物館を飾っています。その豪華さをもって、深い感銘を与える能装束、能の文化というのは、この直忠の生き方を投影する形で彩られていると思います。だから、井伊家もまた屈折した思いで生きられたと思うし、彦根の城下町もそうだったのではないでしょうか。

歴史の本をひも解いたり、あるいは現在の地図を見ていけば、ほとんどの大きな城下町は、明治政府のもとで、県庁の所在地になったり、あるいは陸軍の司令部になったり、海軍の鎮守府になったりしています。あるいは昔は旧制高等学校が置かれたりしますが、彦根の町には、何も置かれていません。県庁は大津に置かれ、軍の施設が彦根に置かれることはありませんでした。教育施設として今の滋賀大学経済学部になる彦根高商が唯一です。明治日本の近代政府が彦根の町に置いた唯一の施設といってよいでしょう。それだけに、他の城下町のほとんどが、近代化のなかでその骨格を失い、その町なみを消してしまったなかで、彦根の町は近代を屈折した思いで生きた彦根の人びとの苦労のお陰で、近世の城下町の骨格が非常によく残り、町なみがよく残ったといえるでしょう。その苦労の結果が、今日の彦根だということを、彦根の人はもっと自覚して、彦根の町が持っている町なみの意義、歴史的な意義をきちんと継承していかなければならないと思うのです。

町がそれぞれ持っている顔のようなものから私たちが読み取ることができるのが町の歴史であり、伝統だと思います。その伝統を、これからの町にどう生かしていくかということが大切なのです。

＊

現在、彦根で生まれ、彦根で育ち、彦根で学び、彦根で働き、彦根で生を終えていくという人は、むしろ少ないのではないでしょうか。ところが、今から百年ほど前までは、おそらく生まれてから生を終えるまで、同じ地域で過ごし、結婚するのも村の人か、近隣からという限られたなかで生活していたのです。それが日本の普通の生活だったのです。変化や移動の少ない生活だったのです。

その殻を破って動いたのが近江商人です。それゆえ近江商人は毛嫌いされ、軽蔑されたこともありました。しかし風評を無視し、抵抗に耐えて、近江商人は財力を蓄えたのです。

中央と地方の交流のなかでうまれた地方の文化を、瀬戸内海の竹原と九州の日田についてみてみましょう。瀬戸内海に竹原という町があります。ここは塩田経営で町人の町として大きく展開を遂げ栄えた町です。きれいな町なみがよく残され、伝建地区になっており、多くの観光客が訪れています。町のなかには小さな祠《ほこら》がたくさんあり、小さい所では、二、三軒か、四、五軒、大きいところでは十何軒かで、その祠をまもっています。夏になると、その祠で地蔵盆をします。一度にするのではなく、町に点在する祠を一つ終ったら、次の日には隣の祠でするというように、連続してやるわけです。その時に、上方《かみがた》から呼んだ芸能人に、芝居を演じてもらうのですが、それも一番ずつやっていく。ストーリーもずっと小祭りを通じて演じられ、連続してストーリーが完結するようになっていって、最後に町全体で大祭りをやるというように工夫しています。小さな限られた世界だけれども、たのしくするには、どうしたらいいか工夫して、小祭りと大祭りというシステムを作っているわけです。

そしておもしろいのは頼山陽のことです。江戸時代の幕末の志士を鼓舞し、日本を近代国家にもっていく大きなエネルギーを刺激した人として知られている頼山陽は、実は彦根と関係があるのです。たしか彦根市三津屋町の娘さんが頼山陽の奥さんになっているのです。その間にできたのが、頼三樹三郎といい安政の大獄で死んでいます。頼山陽の祖父である頼惟清は竹原に住み、彼は三つの望みを抱いていたといわれます。頼惟清は町人だったのですが大町人ではありませんでした。大町人は、サロン（集まり）を持っていましたが、自分は大町人でないためサロンに入れない。そこで自分の子どもを勉強させて学者にしようとしました。江戸時代というのは学問をすることにより上にあがれるため、息子を学者にして、サロンに出入りさせたい。それから、家の屋根を藁ぶきから瓦ぶきに変えたい。三つ目は、一生に一度でいいから富士山を見たい。彼は富士山という美しい山があることは知っていました。絵に描かれうたによまれたものを見ていたのでしょう。今、新幹線からだといつでもみられるため、何度も新幹線を利用している人だとそんなに感動を受けないでしょう。しかし頼惟清はそういう願いをもっていました。こういう願いをもっていたのが当時の日本人の姿です。日本の全ての人がもっていた願いだったのでしょう。

ところが、唯一そうでない生活をしていたのが、近江商人だと思います。遠隔地に出かけて商売をつづけていたのです。これは例外で、一般の人びとは限られた世界に生き、そこをおもしろくするためにどうしたらいいかという工夫をこらしていたのです。

そういう生活の知恵が今の町なみの中に投影されていると思います。だから小さな町にも、限られた世界であるけれど、それを十分に楽しめるような工夫をこらした町なみという形で生きていくのだろうと思います。つまり自分達の住んでいる小さい世界から逃れることはできない、近江商人のように飛び出すことはできないけれど、その地域を大事にして豊かなものにしていこうという心がけのあらわれが竹原の町なみだと思います。そういうものが今まで蓄積され、たくわえられてきたものを地域の文化財と呼んでいるわけです。地域文化財はその土地の人たちがもっているもの、たとえば町かどにある地蔵堂や村の野にたつ小さな石仏など、国や地方自治体が指定する文化財ではないものの、親から子へ、子から孫へと伝えられているものがあります。これらは盆の行事や町の人びと、村の人びとをひとつに結びつける重要な役割を果たしているのです。そういうものが地域の文化財として、非常に大事に維持されてきたのだと思います。竹原という塩田経営で栄えてきた小さな町から頼山陽がうまれ、幕末の志士を刺激し鼓舞する『日本外史』という本をあらわしたのです。そういう人物が竹原の町からあらわれたのです。

また九州には、熊本と大分の中間に日田という町があります。ここは町人の町なのですが、ここには広瀬淡窓という人がおり、幕末に「咸宜《かんぎ》園」という私塾を作りました。この私塾、私立学校は、町人がつくった学校ですが、これは「咸宜」「全てよろしい」といって身分を問いません、侍でも町人でも農民でもよろしい。勉強したい人は来なさい。男も女もよろしい、差別をつけませんといってつくったのが「咸宜園」です。すると「咸宜園」に日本の全国から秀才が集まってきたのです。日田に各地の秀才が全国から集まってくる、地方の町に日本全土の秀才が身分を問わず、性別を問わず集まってくるという現象が江戸時代の末におこっていたわけです。しかし明治になって東京がその中心になると、こういう現象が消えるわけです。

竹原のような小さい塩田経営の町に、幕末をゆるがすような言動をし、書物を書く人が生まれてくるというように、それぞれの町がそれぞれの文化をもち、顔をもち、表情をもつ町をつくってきたのが江戸時代の末期・幕末の姿だと思います。

家康は江戸に政治の中心をおき、地方に城下町を建設しました。江戸を中心に、幕府の安定をはかるために江戸幕府に反逆しないという証しとして証人をおくわけです。奥方や世継など家族を江戸に住まわせました。大名が中央の城下町・江戸と彦根のような地方城下町（国許《くにもと》というのです）を往復する参勤交代の制度を定めたのです。江戸と地方城下町を結ぶために東海道も中山道などの街道が整備されたのです。江戸時代を通じて、中世末の動乱の中でできた武装した軍団の行列が移動していたわけです。大名の参勤にしたがって彦根の城下から江戸に出かけていく武士（勤番）と、江戸の大名屋敷に住みついている武士（定府）がいるわけです。つまり彦根藩士であるけれど彦根の町を知らない彦根藩士が江戸にはいたのです。

江戸表といいますが、彦根藩の上屋敷は、今の国会議事堂と憲政記念館とのあたりを桜田上屋敷といい、ここに井伊家の当主は、江戸にでかけた時に住んでいたのです。井伊直弼は、その桜田上屋敷から桜田門へ通じて江戸城に登城する途中で暗殺されたのです。また江戸には火事がしょっちゅうありますから、上屋敷が焼けた時に、控えの屋敷がおかれました。中屋敷と呼びます。これが今の紀尾井町のホテルニューオータニの辺りです。紀尾井町というのは、紀州藩と尾張藩、それから井伊家の三つの大きい屋敷があったから紀尾井町と呼んでいたのです。それから、郊外の広い土地に下屋敷があり、世田谷の下屋敷と呼んでいます。ここが今明治神宮になっているのです。

参勤交代の制度によって中央城下町と地方城下町とが緊密に結びつけられると、参勤交代によって整備した街道を通じて、物が動いたり、情報が動いたりするようになってきます。その物を動かしたり、情報を動かしたりしたのが近江商人です。中央と地方が緊密に結びつけられ、その交流を通じて、地方にそれぞれ独自の文化がうまれました。それが竹原であり竹田であり、彦根の町なみもそうだったのでしょう。おそらく、彦根の町なみと他の地方の城下町の町なみとは少し違ったものになっていたはずです。徳川三百年、もともと参勤交代で中央集権的な拘束をめざしたのですが、中央と地方の交流のなかで独自の地方文化がうまれたのです。

＊

ところが、ここでまた大きな変化が起るのです。それまで中国には畏敬の念をもって接してきたと思います。しかし、阿片戦争によって、「聖人の国」とあがめられていた中国が、「夷狄の国」イギリスに敗れるという事態にたちいったのです。「西洋の進歩」と「東洋の停滞」を実感することになり、日本は目標国家を西洋にきりかえ、追いつけ追いこせの姿勢をとり、「脱亜入欧」のみちを歩むことになったのです。こうして作られたのが明治国家であり、そのなかで東京を唯一の窓口にして、西洋からの文化を伝達するという役割を果たすことになります。文化も政治も経済もあらゆるものが、東京を中心にして地方へと伝達されるというしくみをとることになったのです。幕末にかけてうまれた魅力ある地方文化はすたれ、地方は「骸骨のようなもの」になっていくと、当時の新聞は書いています。中央が、地方に対して圧倒的な力をもち、外来の文化を地方に伝えていく機能を東京が果たすようになってくるわけです。中央が地方をすべてコントロールし、遠隔操作する形がすすめられたように思います。

　この状況は教育にも反映してきたように思います。民俗学の開拓者、柳田国男は次のようなことを言っています。教育には「平凡の教育」と「非凡の教育」がある。「平凡の教育」というのは、親が子に孫に家庭で伝えていく、あるいは、大工ならば、棟梁が弟子に身をもって技能を授けていくような師弟関係、あるいは地蔵盆だとか祭りで、地域が地域の子どもたちにものを教えたり、躾たりしていくようなことを「平凡の教育」という。それに対して書物を通じて物を学ぶのが「非凡の教育」とよんだのです。明治になってからは遅れた東洋の漢字を中心とした書物より、むしろ横文字の書物が良いとかんがえられるようになった。書物を通じた教育、「非凡の教育」が中心におかれ、「非凡の教育」が日本を近代化する早道だと考えられました。つまり明治以来の近代の日本の考え方は学校教育に偏重し、「平凡の教育」は軽視され、その結果、弊害が多くなり、さまざまの混乱が起って非常にきびしい状況を呈しているのだと思います。いま一度「非凡の教育」に対して「平凡の教育」を見直さなければならないのではないかと思います。

　明治以降、中央が西洋からとりいれた技術力をそのまま地方に伝達するという形をとってきました。その結果、町や村の景観を変えてしまいました。それぞれの町はそれぞれの表情をもっていたのに、今の日本は地方の伝統と無関係にどこの町へ行っても同じような町の表情になっています。

昔は鉄道の駅におりたら駅前に広がる町なみはそれぞれ個性をもっていましたが、今はそういうことがなくなってしまいました。発達した技術が景観を激変させてしまい、地方の景観を変えてしまったように思います。人びとは今まで町や村を肌で感じ、手で触ることができる「わが町」「わが村」としたしんできました。ところが発達した技術力が入り、そこに高層ないしは超高層のような建物が突然建つことにより景観は一変し、今まで自分と町と村とを結びつけていた親密な関係が切られてしまいました。今までの固有な町なみが、単調でありふれた町なみにおきかえられていくという状況のなかで、人々は町や村がどこか手のとどかないところへはなれていく不安感にさらされているのではないかと思います。

たしかに、近代になって、日本人は西洋に対して非常に卑下し、自分達の文化に対して自信を失ってしまったというところがあると思います。京都に桂離宮があり、日本の学者のなかにここの建築とか庭園について研究した人もいますが、あまり評価されませんでした。ところがヨーロッパから亡命してきたブルノ・タウトという建築家が、桂離宮をほめあげ、これはギリシャのパルテノンの神殿に匹敵するような建築だと評価しました。そうすると、桂離宮の評価が上がっていったのです。同じようなことは浮世絵にもあります。浮世絵はあんな淫靡な賤しい絵は日本の文化の恥辱だという傾向がありましたが、フランスの画家や美術史家達が浮世絵の美しさを発見すると、急に評価があらたまりました。自国の文化を自分達の目で評価できないで自信を失ってしまう側面があったと思います。いっぽう、極端に自国の文化だけ過大評価して注目し、他国の文化を排除するという傾向もあらわれました。卑下と尊大が振り子のように反動として極端に変動する動きがあらわれたのです。

私達はもう少し安定した自分達の目で、自国の文化をきちんと評価する。そして日本のまわりにいる近隣、かつて日本に文化をもたらした中国や朝鮮半島などの近隣諸国に対しても、安定した関係を保っていかないといけないというのが実情だと思います。

どうも振り子のように、極端から極端へ走っていると、国民が不幸になるということは日本の近代が味わった事であります。もっと安定した自信をもってそういう関係を築いていかなければならないのだと思います。

いずれにしても、私達には地域を見つめるたしかな目が必要になってきたのではないかと思います。たとえば、地域なんかどうでもいいのだと、厄介なものに携わるよりもそういうものから解放された方がいいのだという見方になりがちだったことも無視できません。しかし、神戸に大地震が起こると、地域の緊密な関係を保っていたところは、救済、救援の活動が非常にスムーズに行く。ところが、地域住民の結びつきが非常に弱いところ、隣がどういう人が住んでいるのか、どういう家族構成かがわからないところでは、災害が起こった時の緊急的な措置がやりにくいというので、あらためて地域は大切だということが再確認されたりもしました。

地域を見なおし、地域を活性化するための知恵をもう一度うみだす必要があるのではないか、そういう時期に来てるのではないかと思います。今までのように中央の指令・遠隔操作による都市計画によって地方の町を改造していく方法ではなく、地域を大切にし、地域を魅力あるものにするために、地域の人々が知恵を出し合い努力してきた地域づくり、町づくりの伝統を、もう一度見直す必要があるのではないかと思います。そうすることが、これからの激動する時代を、激動する町や村を、人間的な関係を失わない魅力ある町、安定した町としていくために必要ではないかと考えています。

したがって、中央の遠隔操作による都市計画の時代は終わり、これからは新しい地域の町づくりの時代にはいったことを自覚しなければなりません。かつて彦根の町で、長浜の町で、近江八幡の町で、町の人たちが身のまわりの環境を大切にしながら地域を見なおしてきたように、地域の文化財を生かしながら、個性ある、独自性のある町づくりの伝統を大切にしたいと思うのです。そうすることにしか二十一世紀の魅力ある町づくりの方法はないのではないかと考えています。

＊彦根市保育協議会事業報告『一年のあゆみ』二〇〇一年度

近江・再発見

きょうは、「近江・再発見」という題で、私の考えていることをお話しますので、皆さんの参考にしていただければと思います。会場が近江八幡ということで、近江商人を重点にお話したいと思います。

地理的背景

まず、「近江」という地理的な表現から、もう一度見直したいと思います。一つには、近江というと、琵琶湖を中心にそれを囲むように山なみがめぐり、一つの集水域を形づくっています。その山なみから下っていくと里がひろがっていて、特に湖東は奥行きのあるかなりのひろがりを持っています。そして湖へとつづきます。こういった山、里、湖の地形を持った地域は、日本列島でもそう多くない。そ近江に生きてきた人は、山なみを眺めながら暮らしてきた。大津でいえば、仰木《おうぎ》という棚田の美しい集落がありますが、仰木の人たちとおはなしすると「お山」「お山」と言う。それは比叡山を指していて、仰木の人が敬慕の念をもって親しく呼びかけているのです。京都の人が比叡山を見るのとは違った感覚で見ているのだと思いました。近江には、里にも、もちろん湖にもこうした感覚があるのでしょう。自然に親しみ深く接し、また自然と一体化する形で生きてきたのだと思います。

よく中央と地方と言われるのですが、日本列島に古代国家が形成されると中央と地方の関係がでてきたと思います。その場合、近江は非常に微妙な地点にたっていたと思います。もっとも古代には大津京が中央の位置を占めていました。後の藤原京、平城京、平安京と比べると、規模は小さかったのですが、国家統合の中心としての「都城」の原点はこの大津で形づくられたと思います。やがて大津京は廃れて、「都城」は大和、山城の方へ移っていきます。そうすると中央の考え方、平安京などを中央と考える首都に対して、地方という考え方がでてくるわけです。中央の「都城」の周りに「畿内《きない》」という言葉が生まれてきますが、これは、いわゆる首都圏というような考えが生まれたのです。現代の近畿圏はその言葉の一部を使っているのだと思います。しかし、近江は畿内に含まれていません。江戸時代になっても「畿内ならびに近江の」という表現がされていました。首都圏には入っていないが、でも地方ではないということなのです。

また、三関という言葉があります。近江をめぐる三つの地点に、東海道の鈴鹿の関、関ケ原東山道（中山道）に不破の関、北陸に抜ける道に愛発《あらち》の関がおかれたのです。これら三関はみな、近江の外周にあります。中央が危機にみまわれたとき、関所を閉めたのですが、そういう点を見ると、近江は地方ではなく明らかに中央圏域に入っているのです。近江が首都圏と地方の境界のようなところに入っていたことを示す極めて注目すべきことだと思います。おそらく、中央に首都ができて、地方と街道によって結ばれると、そこに人が動きます。物が流れます。これは、近江が持っている大きな特徴だと言えます。他の地方に比べて近江の人は物の動き、人の流れに敏感になったと思います。近江の人は、物が流れ、人が動くこと、情報が流れることによって、どういうメリットを生むかということを直《じか》に感じていたのだと思います。これが近江商人を生む基礎になったのだと思います。

ずいぶん昔になりますが、ある会合で近江商人の伝統について話があったのですが、会議が終わった後で友人から「滋賀県では近江商人はプラスイメージで捉えられているのですか」と聞かれました。じっさい、外にいくと近江商人は「近江どろぼう、伊勢乞食」という言葉にあるようにマイナスのイメージで語られる傾向が強かったのです。しかし、近江の人は物や人の流れをよく知っていたのです。たしかに、農業社会では、生まれてから育ち、働き、死んでいくまで人はその土地から動かないというのが生活・ライフスタイルの基本だったのです。近代以前にあって、農業という定住生活から抜け、商業をすすめた近江の人が、特別に見られ、厄介視され、時には蔑視されて「近江どろぼう」という表現を使われたのだと思います。

そういうものが、まちづくりの伝統の中にもみられると思います。

町づくりの伝統

古代において、大津京が、藤原京、平城京、平安京に先立つ古代の「都城」の先駆的な実験をやったということは注目すべきことですが、中世にもおもしろい都市の動きがあります。これは、近江にみられる特色として、ヨコに結びつく町づくりの伝統があったということです。

まず、甲賀郡中惣があります。これは戦国武士団の村づくりと言ってよいかもしれません。

滋賀県には、文化遺産がたくさんあります。指定された社寺建築は、京都、奈良に次いで滋賀が三番目に多く、文化財を集積している地域です。ところが、こと城郭に関しては、他の地域を圧倒しています。十年ほど前に文化庁が中世城郭の分布調査を行い、私も参加しましたが、滋賀は他の府県にくらべ城郭の数が桁違いに多く、その構成も注目されます。なかでも甲賀は、滋賀県のなかでも非常に多いのです。これはどういうことかと言いますと、戦国の武士は互いに抗争して、より力の強い者が上にたち、他を従わせるわけです。しかし甲賀はそうではなく、ヨコにつながって小さな武士団を構成する組織で、それを「惣」と呼んでいます。これらヨコにつながる組織を作った甲賀郡中惣と呼ばれる武士団が、たくさんの城郭をのこしているのです。

それから、注目すべきは、甲賀郡中惣が鈴鹿峠を越えた伊賀の国に生まれた惣国一揆と連合していることです。戦国の武将が抗争し他を圧倒して、天下布武をめざし武力統一しようとしたころ、この伊賀の惣国一揆が決議した記録があります。戦国武将の攻撃に対して伊賀の惣国一揆はすでに防衛する体制が整った、近日中に鈴鹿の辺りで甲賀の郡中惣と「野寄合」（野外集会）を開き、協力しようという記録が残っているのです。つまり、甲賀の郡中惣が、伊賀の惣国一揆と連合するという、ヨコにつながっていく動きを持っていたのが、この時期の甲賀の武士団の特徴です。甲賀や伊賀の武士団は、近世になって忍者という特殊戦闘集団とされますが、中世末にはヨコに結びつく共和国の夢を描いていたのです。

一方、中世には町衆と呼ばれる集団が現れてくるのです。その中でめざましい動きをしたのは堅田衆と呼ばれる集団です。堅田の町は琵琶湖の水運、水先案内人という役割を果たしておりました。堅田の町衆たちがヨコに結びついて、町衆による町づくりがすすめられました。戦国の末期に堺は自由都市の伝統をもった町として、奈良や京都と違う独自の市民文化を形成したことで注目されていますが、大陸との交易で栄えた堺に対して、内陸の港として発展した堅田は、堺に匹敵する町づくりを形成していたのです。

堅田の町づくりは、本願寺教団の蓮如に大きい影響をあたえました。蓮如は、堅田の動きに注目して寺内町という町づくりをすすめ、越前・吉崎に寺内町を築きます。やがて、京都の山科に寺内町を建設します。この山科寺内町は現在でもその遺構をよく残しています。やがて今の大阪城あたりに大坂・石山寺内町を築き町衆の町づくりをすすめました。

また、そういった動きは村にも見られました。例えば琵琶湖の北に菅浦があります。惣の結合を示す有名な古文書をのこしている村ですが、日本にめずらしく、村の入口をかためる惣門がのこっています。ヨコに結びつく自衛と自治をめざす村づくりをすすめていたのです。

しかし、やがて戦国武将が強くなり、信長から秀吉、家康という時代になると、戦国武将はそういったヨコに結びつく町衆の動きを圧倒するような形で支配を貫こうとするわけです。ここでも近江は、注目すべき動きを示します。それは、戦国武将にとって天下を武力で統一するには、天皇から征夷大将軍という称号を与えられることで、天下に号令をすることが可能になると考えたのです。したがって、東国の武将は京を目指して動きます。「洛中洛外図」屏風は、戦国武将が上洛を夢見て京への憧れを示したものだと思います。上洛をめざす武将にとって近江は大きな意味を持ちます。武田信玄は、上洛する途中に死ぬわけですが、その遺言に「明日は我が旗を、瀬田にたてよ」と言っています。それは、瀬田の唐橋を渡って京に上れ、そのためにはどうしても瀬田の川をこえなければならない。これは、東国の戦国武将にとって関門のようなものだったのです。つまり戦国武将にとって近江は、極めて重要な土地であったのです。近江の各地にはたくさんの城郭跡がのこっています。佐々木六角の観音寺城、佐々木京極家の上平寺城、戦国武将浅井の居城の小谷城などが中世の典型的な城です。これら城郭の成長を上平寺城の絵図や小谷城などから見ることができます。城のある山の麓に、町なみができる。そこに城下町のはしりのようなものが生まれてくるのです。そういう城下町形成のなかで、近江はかなり早い時期から城下町をめぐる動きがあったと思います。最初の城下町の出現は、秀吉によって築かれた長浜です。同じ時期に、織田信長はもっと大きな天下布武の国家構想をえがき、その実現をめざし、他の城下町と全く違った中央城下町（原・中央城下町）として安土城・城下町を建設したのです。安土は、武力によって天下を安定させようという意志を実行する国家統一をめざした中心的な原・中央城下町です。しかし、本能寺での信長の暗殺によって夢が消えてしまいます。やがて、信長のえがいた中央城下町の夢は、秀吉によって大坂で、家康によって江戸で実現しました。

こう考えてみますと、近江の町づくりには、さまざまな特色があると思います。一般に日本の社会的な特色はタテ社会の構造だといわれます。しかしながら近江を見る限り、または、南山城から摂津河内和泉に至る近畿一帯には、戦国武将のタテに結びつく町づくりだけではなく、ヨコに結びつく町づくりもあったことに注目しなければなりません。近江はその中で大きな役割を果たしていたことに注目すべきだと思います。いわば、ヨコに結びつく町づくりの伝統を秘めたのが近江だと思っています。

もう一つは、城下町。安土では中央城下町の構想が生まれ、大坂や江戸で実現したわけです。近江では他にもたくさん城下町が建設されました。そのなかでもこの近江八幡や日野、長浜は、城下町として出発はしましたが、やがて江戸時代になると城下町としての性格を失います。これらの町は城下町から町人の町へと転換します。都市はその機能を失った時、廃墟となることが多いのですが、近江ではそうはなりませんでした。彼らは町人の町として再生するのです。近江八幡は町人の町として、天秤棒を担いで動くという形から出発し、遠隔地にたくさんの出店（支店）を設けて、本店と支店を結ぶネットワークのようなものをつくっています。

長浜では技術に関心を持っていて、特に国友鉄砲と強い関係を持って成長した町だと思います。江戸中期頃になると、浜ちりめんという技術革新を受け入れることによって、地場産業として、商業都市として大きな経済的な基盤を築くということになります。

もちろん彦根のように江戸時代を通じて城下町に終始したところもあります。しかし、明治維新は、城下町に変革を与えました。それまで武士は全部サラリーマンのような形で禄をもらっていたわけです。武士たちは、維新の改革で全部失業させられ城下町をはなれ、城下町の中心部は空洞化し廃墟になってしまったわけです。明治維新が大きな変革として、そうしたことを実行したのです。大きな城下町のほとんどは、県の中心として県庁がおかれ、軍隊の師団の司令部がおかれたり、あるいは旧制の高等学校が誘致されたりという形で、中央政府からの庇護を受けました。

ところが彦根藩はそういうことを全然受けていません。県庁は彦根に来なかったし、師団の司令部も置かれなかったし、唯一、近代国家が彦根に用意したのは、彦根高商、現在の滋賀大経済学部が配されるにとどまったことでした。これはおそらく幕末の薩摩、長州を中心とした明治の元勲達にとって、彦根藩の井伊直弼という人物は、憎むべき敵だったからでしょう。だから非常に疎外されたのだろうと思います。このため彦根は三十五万石の大大名の城下町でありながら、屈折した思いで近代を生き抜いたのだと思います。その結果として、他の多くの城下町が近代化するなかで城下町の風情を失ったのに対し、彦根は苦労の末に、城下町の特徴を失わない町を残したのだと思います。そういう近代を生きてきた彦根の人の思いが、今日の彦根の景観を保存しているのだと思います。

こういったことを見ますと、近江の町づくりの伝統の中に、いろいろな性格があると思います。それは、近江は大津京以来、あるいは堅田の自由都市の動き、甲賀武士団の共和国への夢、それから近世になってからの城下町の建設というようなこと、それぞれの時代に町づくりの先駆性をになってきたと思います。そして、その先駆性を実現するために果敢な挑戦をやってきた。そこには、極めて鋭い実験の精神というものを近江の人は持ち合わせていたのだと考えます。

また町は、人間がそうであるように、その生涯において、町の歴史の中において、大きな変革、変化を強要されることがあります。近江八幡や長浜、日野が、城下町でなくなったときに、廃墟にせず、町人の町として再生させたという転換と再生への進取の気風が、近江にはあった。これが近江の町づくりの伝統であり、近江の町づくりにこめられた伝統をきちんと見直して、これからの町づくりに生かしていかなければならないと思います。

これからの町づくりにどういう風に生かしたらいいかということを最後に申し上げます。

これからのまちづくり

地域文化財というものは何かを説明します。

十年ほど前までは、文化財というと「指定文化財」とかんがえられていたわけです。「指定文化財」は、学識経験者によって文化財として指定される。その権威によって指定されて、それが重要だということで強い規制を受けるわけです。現状の変更は基本的に許されないという形を取ります。そのため修理するときには、国ないし地方自治体が補助金を出すことになります。その保存の仕方は、近江でいえば彦根城を例にいいますと、大津城の天守閣を持ってきて築いたのが彦根の天守閣ですが、解体修理にあたって、そういった歴史を整理し、現状を創建当初の形に復元・保存するという形を取っています。これは「固定的な保存」ないしは「静態保存」といえると思います。

それに対して「地域文化財」は学識経験者が指定するのではない。例えば野の石仏は、美術史の研究者や専門家は価値を認めないかも知れない。町角に立っている地蔵堂は、建築や美術の研究者の興味を呼び起こさないものかも知れない。しかしながら、その町や村に住む人びとにとっては、地蔵盆などを通して皆が一体になり、それを維持し、そこに生きた先祖と心を通わせるという意味において、かけがえのない地域の文化財となる。こういうものを大事にしていかなければならないという動きがあります。

私がこういう地域の文化財をかんがえたのは、当尾での動きです。京都の南山城に当尾《とうの》というところがあります。岩船寺《がんせんじ》とか浄瑠璃寺が建つところです。あのあたりにはたくさんの石仏があったのです。ところが、自家用車が普及してくると、当尾の山里にならんでいた石仏が、車のトランクに詰めこまれ運び去られるという危機が起こりました。そのときに当尾の老人たちが集まって、当尾の石仏を守るために石仏の戸籍を作る動きをしたのです。私は、これが地域文化財の登録だと考えたわけです。

文化財の保存の仕方には、二つあるといわれています。指定制度はフランスでとりいれられ、格付けをして、中央政府によって保存していくという方式です。もう一つの登録制度はイギリスでとりくまれた、インベントリー（目録）を作ることで文化財を維持していく方式です。ナショナルトラストはその典型です。

地域文化財は、むしろ地域の住民がこれは重要なものだということを自覚して、それを目録に登録するというやり方です。指定文化財が強い規制をかけるのに対して、地域文化財は、一つの地域を人々に知らせるための啓発を進めます。補助金の代わりは、表彰制度だと思います。自治体の代表や市民団体が地域文化財の保存に力を尽くした人やグループに対して表彰する。保存の仕方は、固定的な保存ではなく、動態保存のやり方でしょう。近江八幡の町なみは、近江八幡に城下町ができたときからの町なみが保存されているからいいのではないのです。それは、長い歴史の中で転変を繰り返しながら今のような優れた町なみをうみだしてきたことに注目すべきです。したがって、改良に改良を重ねた結果、今見る町なみがあることを自覚して、これからも、変化を許容し、地域の文化財のすぐれた伝統をうまく生かした保存の仕方をうみだす。それがダイナミックな保存、動態保存だと考えています。実際には、近江八幡の町なみには、指定文化財は二棟ありますが、これは静態保存で固定的に保存しています。これと共鳴する形で、他の町なみはダイナミックな保存をしていくという手法を取り入れたらいいと考えています。

そういう形でいろんなやり方があると思います。長浜では皆さんご存知の黒壁という建物ですが、これはまだ指定文化財になっていません。しかし長浜の人は、黒壁が壊され、姿を消すのは残念だという思いがあって、独自な保存をすすめてきました。ガラスを中心にした記念館とし、周辺にガラスにかかわる生産、展示などの町なみが形づくられました。過去を振り返るノスタルジーと、ガラスという長浜にも日本にもなかったもの、エキゾチックなものを結びつけ、独自な空間と空気をうまく醸し出して、長浜に観光客を呼ぶことになったのです。私は、非常に注目すべきことなのではないかと思います。こうして、近江八幡には近江八幡の、彦根には彦根の、長浜には長浜の、その他どこの町や村々にも、それぞれの手法でおもしろい町づくりが、地域文化財を生かすことで生まれてくるのではないかとかんがえています。

もう一つは、近江が持っている自然との関係です。山と里と湖といいましたが、それと一体化するという共存の伝統というものがかつて近江にも日本にもあったと思います。

動物学者リビングストンの『破壊の伝統』を読んだことがあります。西洋などにみる自然を克服しようとする「破壊の伝統」に対し、日本には「共存の伝統」がかつてあったことが注目されていました。しかし今、その「共存の伝統」が忘れられ、失われつつあると指摘されたのです。たしかに日本には自然と共存する伝統がありましたが、近代化のすすむなかで進歩の思想として「破壊の伝統」に置き換わってしまったのです。

アフガニスタンやパキスタンによく調査に出かけましたが、あちらの住居を見ますと、きびしい外の世界からいかに自分たちの生活をまもるかに知恵を使っています。だから、窓口はできるだけ小さく、しかし光はできるだけ取りたいというのが窓の構造を見るとよくわかります。戸口も本当に限定して設けています。ところが日本の住居はそうではない。どれくらい自然を住まいの中にとりいれるかに、日本人は知恵をはたらかせてきました。桂離宮や修学院そのほか、古い寺院、日本の住居を見てもよくわかります。しかし、最近は、照明も換気もすべて機械に頼る習慣になっていますから、建築家のなかで自然の空気の流れ・「風の道」を意識する人はほとんどなく、「風の道」は死語になっています。そんなことをデザインに生かす人はほとんどいないのです。

西欧は「破壊の伝統」の上に生まれた自然との対応だと思います。自然は克服すべき対象と考えました。日本人あるいは東洋人は、自然と共存していこうとする道を歩みました。しかしながら圧倒的な産業革命の動きの中で、日本も東洋の国々も、しだいに「共存の伝統」を失っているが故に、「共存の伝統」の回復ということが必要なのではないか。それを生かしていく工夫が必要なのではないでしょうか。これからの建築や住居にも、その知恵は生かされていくべきではないかと、私は思います。

それからもう一つ、地域の連合ですが、ヨコに結びつく地域の連合です。江戸時代のように江戸を中心にした中央城下町と参勤交代で地方の城下町とが結ばれるというタテの結びつきはありました。ヨコに結ぶ動きが、伝統として近江にはあった。これを復活させるべきではないかと考えます。

私は、地域が連合していくには、町村合併でも機械的に地域を統合させないで、地域が特色をそれぞれ持って緩やかな連合を結んでいく、地域の持っている歴史とか伝統という条件や特色を生かしながら連合していくのがいいと思っています。

例えば、大津であれば、堅田から坂本、大津、膳所、石山とそれぞれの地域の伝統の違った町がネックレスのように並んでいます。これを一つの都市として考えるのではなく、それぞれの州が独自性をもって連合しているアメリカ合衆国のように、「大津連合都市構想」を考えるべきではないでしょうか。そういう連合都市をつくって、それが「大・大津」で統合される。市民に対するサービスを考えて適正な規模をもてばいいでしょう。それぞれ地域のもっている伝統だとか地域の特性、歴史をうまく生かした町づくりを進めていくならば、住みよい町が維持され、生まれてくるでしょう。そういう実験の場に近江は最もふさわしいのではないかと考えています。

＊ＮＰＯ夢〜舞めんと滋賀設立記念フォーラム講演、近江八幡市、二〇〇二年十月十二日

京と近江

京と近江1

「都城」へかける夢

都と地方の関わりを近江を舞台にくりひろげられた動きについてみてみたいと思う。

『古事記』や『日本書紀』をみると、天皇が即位されると新宮を造営して遷宮するのがならわしとなっていたことがわかる。やがて、大化二年（六四六）になると、「初めて京師《みさと》を修め」と詔勅によって「都城」の建設が宣言された。難波京で、大陸の都城制をとりいれ、その先進文化によって計画的都市の建設をめざしたのである。

大津京

六六七年、天智天皇は「都を近江に移さ」れた。大津京の建設である。「内裏」「浜台《はまのうてな》」「大蔵」などの記録から、内裏や朝堂院をもつ宮殿が整備されていたことがわかる。しかし、大津京の具体的な記述はなく、その位置をめぐって論議がかわされてきた。近年になって大津市錦織《にしごおり》の小字「御所の内」の辺りで発掘調査の結果、内裏を中心に南に朝堂院をおき、回廊をめぐらし門を設けた宮殿の構成が明らかになり、大津京の位置は確認された。

大津京では、わが国最初の近江令《おうみりょう》が定められ、渡来人を官僚に登用しての体制の整備がすすめられた。百済《くだら》が滅亡し祖国を失ない、近江に移任してきた鬼室集斯《きしつしゅうし》は学識頭《ふみのつかさのかみ》（今の文部大臣）に任命され、武術や兵法、薬剤、陰陽道、儒学の五経を講じる渡来人を大津京に定着させようとした。「橘はおのが枝枝　生《な》れども　玉に貫く時　同じ緒に貫《ぬ》く」（橘の実はそれぞれ異なった枝になるが、玉として一つの緒に通す）とうたわれ、大陸の多様な文化を導入して「都城」の建設と古代国家をめざす強い一つの希いがこめられていたのである。じっさい、朝廷の儀礼を定め、戸籍をつくり、またみずから製作した漏剋《ろうこく》（水時計）をおき、時刻を知らせ、生活時間を規定しようとした。しかし、古代国家の中心・大津京はながくはつづかなかった。天智天皇がなくなり、壬申の乱がおこると、都は飛鳥へもどり、大津京は「大宮はここと聞けども、大殿はここといへども　春草の茂く生ひたる」とうたわれる廃墟となった。

仏都・紫香楽宮

壬申の乱で勝利した天武天皇は、「凡《おほよ》そ都城《みやこ》・宮室《おほみや》、一処《ひとところ》に非ず、必ず両参《ふたところみところ》道らむ」と、複都制をとられた。中国では、唐の長安とならんで洛陽を陪都とする制がとられており、これを模したものといえよう。陪都は天子の別荘で、政治を行なう首都に故障が生じた時、かわって政務をとる場とされた。天子の遊覧の施設としての離宮もあり、陪都は首都と離宮との中間の性格をもつとされたようだ。こうした天皇の宮殿をめぐって、近江の地の動きは活発となった。

天平十四年（七四二）、聖武天皇は造離宮司をおき、近江の南東、山間の小さい信楽の盆地に、紫香楽宮の建設をはじめ、八月と十二月、翌年の四月と七月にも信楽の地への行幸をくり返し、四度目の滞在は四カ月におよんでいる。十月には「盧舎那仏《るしゃなぶつ》の金銅像一躯を造り奉る。国の銅《あかがね》を尽して象《かたち》を鎔《い》、大山を削りて堂を構へ、広く法界を及して朕が知識とす。遂に同じく利益《りやく》を蒙りて共に菩提を致さしめむ。夫れ、天下の富を有《たも》つは朕なり、天下の勢を有《たも》つは朕なり、この富と勢をもってこの尊き像を造らむ」と、大仏の造立を発願し、甲賀寺をひらいている。甲賀寺をもって、全国の各地に建立されつつあった国分寺の中心・総国分寺とする構想がうまれたのである。紫香楽宮は、大仏のたつ甲賀寺を造営するために聖武天皇が滞在される宮であり、信楽の地は仏国土の中心とみなされたのである。

当時、聖武天皇が京都の南山城、木津川のほとりに建設していた恭仁《くに》京と併行して紫香楽宮を建設することはむつかしかった。天平十六年（七四四）には恭仁京と難波京のいずれを都とすべきか諮問され、難波京を都とすることが決められている。しかし、甲賀寺では十一月には大仏の体骨柱がたてられ、平城京から四大寺（大安・薬師・元興・興福寺）の僧があつまり供養し元正太上天皇も紫香楽宮に移り、翌十七年正月には、紫香楽宮が新京とよばれている。四月には甲賀寺の東の山、紫香楽宮の西北の山で火事があり、「城下の男女数千余人」が山にでかけ樹を伐り防火に努めている。紫香楽宮の周りにも多数の住民が住んでいたようだ。しかし天平十七年五月には四大寺の衆僧の要請をうけて都は平城京にもどり、新たに東大寺の造営がはじまると、総国分寺も甲賀寺から東大寺へと移った。「甲賀宮空《むな》しくして人なし、盗賊充《み》ちみちて、火もまた滅《き》えず」という状態となった。

信楽町には、大字黄瀬の内裏野とよばれる地域の発掘調査で、金堂、講堂、塔や僧坊からなる寺院址が明らかにされ、史跡紫香楽宮跡とされてきた地点が実は甲賀寺跡であり、宮町地区で行われた一九八三年以来の調査により宮殿の遺構が確認され、ここが紫香楽宮跡とかんがえられている。

北京・保良京

天平宝字三年（七五九）十一月、造営担当者が派遣され、保良宮《ほらのみや》の造営が始まっている。孝謙上皇や藤原仲麿の強い意志で建設され、単なる離宮ではなく、平城京の陪都の役割をはたしていたようだ。五年十月には「朕思ふところありて、北京を造らむことを議《はか》る」と、都に近い両郡（滋賀、栗太郡か）を畿県とし、畿内に準ずる地としている。平城・難波につぐ第三の京とされたのである。唐の長安、洛陽についで太原が北京とよばれたのを模したのだろう。翌六年三月には、宮の西南に池亭をつくり曲水の宴をひらいている。しかし、「宮室はいまだならず」といわれ、殿舎の造営を諸国に割りあてている。しかし、五月には道鏡をめぐって上皇と天皇が仲たがいし、ともに平城京にもどってしまい、宮殿は未完成のままになった。

その遺跡は、東海道新幹線が瀬田川をこえた右岸、晴嵐小学校辺りといわれ、建物跡や築地塀の側溝などが発見され、国分寺遺跡と重なっている。この遺跡に近い石山寺では保良宮が北京に位置づけられると、丈六の観世音菩薩の造像がはじめられ、本堂、法堂、経蔵、食堂などの大増築がはじまり、山間の小寺院は二十数棟の堂舎のたちならぶ大伽藍へと大きく変貌した。

こうして、近江は古代における「都城」の建設に大きい役割をはたしてきた。大津京は東を湖、西を山なみに限られ、その規模は小さく、その期間も短かったが、藤原京、平城京、長岡京、平安京にいたる日本の「都城」の原型をなし、律令国家建設への夢をよみとることができる。甲賀寺に大仏を造立し、紫香楽宮を仏都としようとし、各地の国分寺の中心・総国分寺へかけた夢は、平城京の東大寺でその実現をみた。北京とよばれた保良京の建設にあたって石山寺では大規模な伽藍の造営がすすめられ、保良京の鎮護の道場をめざしたものとみられる。平安京の建設とともに、比叡山延暦寺が王城鎮護の道場として建立されたのは、保良京—石山寺を先例としたものともいえよう。

近江は古代の「都城」の建設をめざし、その先駆的実験の場として重要な役割をはたしてきたのである。

＊『古都』二九（二〇〇一春）

京と近江2

町衆の動き―自衛と自治の町づくり―

平安京と近江

古代の「都城」は大和で飛鳥から藤原京、平城京へと大きく展開し、延暦三年（七八四）長岡京へ、さらに同十三年（七九四）には平安京へと遷都がくり返された。「都城」は「万国の朝する所、これ壮麗なるに非ざれば、何をもって徳を表さむ」（続日本紀巻九）と、礼的秩序をもった壮麗な首都として築かれたのである。

平安京の建設は「新京楽　平安楽土　万年春」とうたわれ、今もその構成を市街地の区画によくのこしている。平安京が建設されると、近江も大きく変化した。大津は平安京の外港として大きい役割をはたすことになった。最澄が草庵をたてた比叡山は平安京の鬼門の地となり、王城鎮護の道場・延暦寺として高い地位を占めることになった。比叡山には東塔・西塔・横川の三塔・十六谷に分れ、三千の僧房がならびたつ壮大な伽藍が形づくられた。学問修行に専心する僧侶・学生《がくしょう》がふえれば、その生活を支える僧徒・堂衆も多くなり、生活物資を補給するために門前町坂本が比叡山の東麓にうまれ、大津とならぶ港町として発達した。坂本には湖上を運ばれた物資を馬の背や車につみかえ運送する馬借、車借とよばれる運送業者がたむろし、高利貸や、酒屋を営む人の土倉がたちならんでいた。

平安京の変貌――京童《わらべ》の登場――

平安京は中国の都城をモデルに構築された。しかし、唐の長安城に比べて、その規模は小さく、構造も異なっていた。「都城」南面をかざる羅城門はあっても、城郭の性格はよわく凱旋門の役割をはたしていた。天皇の行幸や葬送の記事をみても、羅城にさえぎられることなく京外へとすすんでいる。人びとが交易する市場は東市、西市に限られていた。東市は今の西本願寺の辺りで、朱雀大路(今の千本通)をはさんで西市がおかれていた。平安京の東北、今の御所の辺りから買物にでかけなければならないのだから、ほとんど一日しごとである。

人間的規模をはるかにこえた平安京は、京域のすべてが都市としてひらけていたわけではなかった。十世紀末の『池亭記』には「西京は人家漸く稀にして、ほとんど幽墟に近く、人は去るあって来るなく、屋は壊つあって造るなし」と湿地の多く人家が少なかった右京にたいし、左京は「人々貴賤となく群集し、高家門を比べ堂を連ね、小屋は壁を隔て簷《のき》を接す」と記されている。街路が計画されても、宅地や田地となり巷所とよばれたという。右京にたいし、左京には人家が集中し、東京極をこえて条坊制のパターンが東へ拡大し、永延二年(九八八)には葬地として知られた鳥辺野の南「八条坊門末」には法住寺がひらかれている。京域をこえて市街化がすすんでいたのである。

十一世紀末、白河・鳥羽の院政がひらかれると、この傾向はいっそう強くなった。条坊のパターンをそのまま鴨川をこえて東へ延長した形で「二条末」の白河が院政の中心となると鴨川をはさんで「京白河」とよばれる町なみがうまれた。平安京の外港をはたしてきた鳥羽に院政がひらかれると「さながら遷都のごとし」（扶桑略記）といわれる活況を示した。やがて平氏が政権をとると、鴨東の六波羅に政庁がおかれ武家政権の中心となった。京外に新都市を建設して、変化する時代の要請に対応し、伝統的な地域の活性をはかったといえよう。市場も変わった。今の新町と三条・四条・七条などの交差点に町座がならび繁華な商業地区がうまれた。官制の市、東市・西市にかわって、「町ハ私事ナリ」（拾遺抄註）といわれた新しい商業中心がうまれたのである。この「町」を中心に積極的な動きを示したのが京童である。「土倉員数を知らず、商賈充満、海内の財貨ただ其所にあり」という活気ある地域を形づくっていた。京童たちは現世利益を求め、苦患をおそれ幸福をねがって、貴族の静観的な冥想にたいし、狂躁的な踊念仏が市中の各地の町堂・道場でくりひろげられた。じっさい、藤原定家が「予の成人のはじめ、天下の公私、耳を満して堂塔をつくる。老後におよんでただその焼失をきき造営をきかず」といい、「宮城の衰微滅亡、逐年逐日形を現わす、悲しきなり」（明月記）と嘆いている。平安京は大きく変貌した。

近江の変貌―惣的結合の動き―

比叡山も大きく変化した。山法師とよばれた僧兵をかかえた延暦寺には、末法の世を救済する力はなく「山門いよいよ荒れはてて、…堂々の行法も退転す。修学の窓を閉じ、坐禅の床をむなしうせり」

（平家物語）といわれるまでになった。この延暦寺で修学をつづけやがて比叡山を去り、乱世の社会に生きつづける人びとの救済をめざし、民衆的基盤にたつ新仏教をとなえた法然・親鸞・道元・日蓮などが巣立っていった。

近江の町や村にも、はげしい動きがみられた。人びとの間には、動乱のなかで町や村を自衛し自治的に運営していこうという動きが高まった。琵琶湖の西北にある漁村・菅浦では、永禄十一年（一五六八）の掟書に「守護不入　自検断之所」と宣言している。領主の介入をしりぞけて、惣という自治組織による警察や裁判権の行使をうたったのである。

琵琶湖の南、湖西の堅田、湖東の赤野井、金森でも、惣による自治の動きが活発にくりひろげられた。琵琶湖が南で細くくびれ、いま琵琶湖大橋がかかる堅田は湖上運送の港町としてひらけ、地侍の「殿原衆《とのばら》」と商人や農民たち「全人衆《まとうど》」が協力して「ワタクシナキ様ニ　ケンダンヲナス」（本福寺由来記）と、自治の気風がみなぎっていた。「殿原衆」は臨済宗の祥瑞寺に寄り、ここに一休も修行している。いっぽう、「全人衆」は真宗の本福寺のもとに集まり、講を組織し、緊密な結びつきを固めていた。堅田惣庄をおびやかす危機には、今ものこる運河のような堀によって防衛し、堅田では生活を共にし、運命を共にする共同体の意識がたかまっていた。親鸞からの法灯をうけついで活溌な布教活動をつづけていた蓮如は寛正六年（一四六五）大谷の坊舎を破却され、近江の門徒のもとに難を避けた。そこで堅田や金森などの門徒の動きに注目し、地上から姿を消した本願寺の復活と発展の基盤を見いだし、本願寺を核とした寺内町の建設をめざそうとし、吉崎から山科へと寺内町を建設した。東山をこえた山科は本願寺教団の中心として「加賀能登越中ノ三カ国、本願寺ノ領地トナリテ、年貢ヲ山科へ指上ケル」（真宗懐古抄）となり「寺中広大無辺、荘厳ただ仏国の如し」（二水記）といわれ、本願寺法王国の首都ともいうべき役割をはたしていた。今も山科には山科寺内町の土居と濠の跡がよくのこり、新幹線の窓からも眺められる。

戦国動乱のなかで、京都も地方も大きく変貌した。京都では町衆たちが「町の構」を築いて自衛し自治的連帯感で結ばれた惣町的結合がすすんでいた。京の夏をいろどる祇園祭は戦乱の京都をみずからの手で復興させた町衆たちの心意気を示している。

＊『古都』三〇（二〇〇一夏）

京と近江3

戦国の城と町

ヨコに結ばれた甲賀武士団

中世末の動乱のなかで、近江をはじめ近畿の町や村には自衛と自治をめざす町づくり、村づくりがすすめられた。惣の動きである。惣は惣村にとどまらず、地域をこえて結びつき惣村連合を形づくり、さらに惣国にまでヨコにひろがり結びつく動きをみせた。鈴鹿峠をはさむ甲賀郡中惣や伊賀惣国はよく知られている。京都と東国を結ぶ交通の要地を占めていた甲賀や伊賀の武士団は、情報を的確にとらえ迅速に伝達する術を知り、はやての如く山野をかけ間道をぬけ、忍者のように臨機に応戦する戦闘集団を形づくっていた。彼らはたがいに抗争することなくヨコに結びつき共和国を形づくろうとし、外部からの侵入にたいして協力して対抗する姿勢を示した。天文―永禄年間の「伊賀惣国一揆」の掟をみると、

当国の儀はつつがなくあい調《とと》のい候、甲賀より合力の儀専一に候間、惣国出張として伊賀甲賀境目にて、近日野寄合あるべく候

と記されている。つまり、伊賀惣国の防衛の用意はできた。甲賀郡中惣から協力の申しいれがあったので、近日伊賀と甲賀の境界で野外集会を開こうというのである。襲いくる戦国武将に対して連合して対抗しようという姿勢を示したのである。しかし、深い郷土愛に根ざした戦国武士団の連合は戦国武将に圧倒され、やがて戦国武将のもとで特殊戦術をもつ忍者集団としてその体制に組みこまれてしまい、戦国動乱の世に鈴鹿峠をはさんで、えがかれた戦国武士団の共和国への夢は消えてしまった。

上洛をめざす戦国武将

いっぽう、戦国乱世を武力をもって統合し、京都へ上洛し、天皇の権威によって天下一統を号令しようとする戦国武将の動きも活溌になってきた。戦国武将たちは武力抗争をつづけ、領国を拡大し、

強大な家臣団を形づくり、上洛して天下に号令しようとしたのである。東国では駿河《するが》、遠江《とおとうみ》、三河《みかわ》に勢力をはる今川義元、越後《えちご》の上杉謙信、甲斐《かい》の武田信玄、美濃《みの》の斎藤道三などが上洛の意志をかため、たがいに抗争をくり返していた。

上洛をめざす東国の戦国武将たちは、近江を避けることのできない〝関門〟と意識していた。武田信玄は領国甲斐をかため信濃《しなの》を攻略し、川中島で上杉謙信と激突し、飛騨《ひだ》や北関東に進出し、元亀元年（一五七〇）には駿河をあわせて領国をひろげ、織田信長と対立した。元亀三年には三方ケ原に徳川家康の軍をうち破り三河へ進出、信玄は上洛をめざし信州の駒場《こまんば》に兵をすすめた。しかし、ここで雄図むなしく死の床についた。信玄はその死を三年間秘密にせよとさとし、うわ言で「明日はその方、旗を瀬田にたて候へ」（甲陽軍鑑）といい死の床でも上洛への執念を示した。「風林火山」の旗をおしたて、上洛をとげようとした戦国武将のはげしい意志がうかがえる。戦国武将は琵琶湖から南へ流出する瀬田川をまずのりこえるべき関門と意識していたのである。

また近江には、ここを本拠とする戦国武将の攻防の拠点として数多くの城郭が築かれ、城下町を建設しようとする動きがみられた。近江の地は戦国の武将に強い関心をもって注目されていたのである。

天下一統の夢・安土城

近江には、中世城郭の遺跡が他の地域に比べて、段ちがいに数多く濃密に分布している。中世末から近世にかけて、近江を舞台に城郭の構築がすすめられ、城郭とその城下にひらけた城下町がいちじるしい展開をみせた。

戦国武将のはげしい武力抗争に勝利し、天下一統を目前にした織田信長は、天正四年（一五七六）その本拠を岐阜から安土に移した。佐々木六角氏の居城観音寺城がたつ繖《きぬがさ》山の西にのびる一段と低くなった尾根・安土山に城郭が築かれた。安土城は内湖を通じて琵琶湖につながっていた。湖上交通を監視する役割を示すものであろう。こうした琵琶湖へ近づく傾向は浅井氏の小谷城から秀吉の長浜城へ、石田三成の居城佐和山城から井伊氏の彦根城への移築などにも共通してみられた。

安土城は各地の工匠を動員して工事がすすめられた。「キリスト教国にあるべしと思われざる宏壮な」（ヤソ会士日本通信）城郭が完成し、「その威勢を示さんと決心したので、触れをだし、これを見んと欲する者には許可をし、悉く入城せしむべし」（同上）と城郭を公開した。

江戸時代の軍学者は城郭を「城堅固」「所堅固」「国堅固」の城に分類した。安土城は戦闘本位の城の性格を失ない、領国支配から天下一統をめざす城として、封建的権威を象徴する役割をもっていたことがわかる。安土城は、「山の周囲には部下の大身の家あり。互いに隔離し、各々堅固な壁をもって囲まれ各々一城の如し」（同上一五八〇）と報告されている。信長はその配下の武将・家康や秀吉に屋敷を構えさせ、それぞれ陣屋の形で配置させたのである。信長はまた直属の家臣団にたいしても城下に屋敷地を与え、普請にかからせ、岐阜からの移住を強制している。武将や家臣にたいし、彼らの地方に根をおろす在地性を否定し、城下町への参勤と集住をうながす兵農分離の政策をめざし、城下町に君臣の身分関係を明瞭に投影させせようとした。

信長は安土城下町の経営にも力をつくした。「山麓及び市民のために街区をつくり、大小の道路がその間を貫通し、民家が軒をならべて美観をつくった。民戸はその数五・六千である」とルイス・フロイスは報告している。また信長は「安土山下町中掟」を定め、城下町の繁栄をはかった。観音寺城の城下石寺ではじめて宣言された楽市は、安土でいっそう推し進められ、流通をうながすために商人たちに寄宿を強制し、城下町の商業の育成と村落での商いを否定する商農分離の政策がすすめられた。

信長は安土城下町の都市生活にも強い関心を示した。近江の相撲とり三百人を城中に招き、その技を競わせ、鷹狩りではその獲《え》ものを町人にあたえ、町人たちは祝言として能を佐々木神社で演じている。また七月の盂蘭《うらぼん》盆には、安土城天守や摠見寺にちょうちんをつらせ、家臣を新しく設けた道や内湖にうかべた舟に配置し、たいまつをもたせ「山下のかかやき、水にうつり、言語道断面白き有様、見物群集に候なり」（信長公記）という。信長はこの雄大な都市空間の演出によって安土城下町の住民の共感をえようとしたのである。

安土城とその城下町は、信長がめざした天下一統の首都として、武力をもって支配する政治的中心を意図するものであった。しかし、天正十年（一五八二）六月、本能寺の変によって安土城は炎上し、信長の夢も消えた。

やがて、戦国武将の天下布武の意図は秀吉、家康にうけつがれ、その政治中心・中央城下町の計画は秀吉の大坂城、家康の江戸城によって完成し、その実現をみた。

＊『古都』三一（二〇〇一秋）

京と近江4

城下町と町人の町

京と江戸

関ケ原合戦に勝利した徳川家康は、慶長八年（一六〇三）江戸に幕府をひらき、政治の中心は江戸へ移された。京都を天皇の在す伝統的権威の中心とし、江戸を将軍の拠る現実的権力の中枢とする二極構造がうまれた。京都と江戸の間に微妙な牽制と均衡の関係を保つ「徳川の平和」の世となったのである。幕府の将軍も朝廷から「征夷大将軍」に任命され、将軍は京へ上洛することになったのである。上洛のさいの宿館として二条城が建設された。二条城は公的な対面と儀礼の場の構成を示していた。寛永二年（一六二五）の家光の上洛と天皇の二条行幸は、京の町を舞台に華麗にくりひろげられた。

近世京都は御所と二条城を二極の核とし、それぞれ公家町と武家町がめぐらされ、寺社とその門前町が点在し、それらの間に町家の町なみがならんでいた。その町なみのなかに、各藩の京屋敷が点在し、各藩はここを儀礼のための連絡の場とした。京屋敷は呉服所ともよばれ、衣裳をはじめ伝統工芸品などを購入する場であり、江戸を中心とした大名の生活を華麗にかざった。

江戸から京都にいたる道中にも将軍専用の宿館がおかれた。近江には、東海道沿いに水口《みなくち》城、中山道に近い永原や伊庭《いば》にも茶屋がおかれ、将軍の上洛のための宿泊、休憩のための施設となっていた。

江戸と城下町

江戸は将軍の居城がたつ中央城下町として強い権力をもつ政治の中心となった。全国の各地に城下町が計画的に配置され、建設された。

彦根城下町は、徳川譜代の井伊氏の城下町として慶長八年（一六〇三）に建設された。大津城から移築した天守のたつ城郭を中心に、大名居館の表御殿（現・彦根城博物館）、別邸槻御殿（現・楽々園・八景亭）、家老屋敷の長屋門（現・彦根地方裁判所）、武家屋敷・埋木舎、足軽組屋敷など武士の住居、町家の町なみもよくのこり、城郭・内曲輪《うちくるわ》・内町・外町の四郭からなる城下町の構造をよくのこしている。近江には、膳所や水口などにも城下町が構築された。

彦根城下町は江戸初期、各地に建設された城下町の構成をよくとどめ、江戸と京都の交流のなかでうまれた大名文化や武家文化を「小江戸」の風情としてつたえている。

大名は江戸に屋敷を構え、妻子をおき江戸証人とし、国許《くにもと》の城下町と江戸を往来することになった。参勤交代である。彦根藩では、上屋敷が桜田（現・国会議事堂、憲政記念館の辺り）に、控えの中屋敷が紀尾井町（紀伊・尾張・井伊家の屋敷があった地で、現・ホテルニューオータニの辺り）に、下屋敷が千駄谷（現・明治神宮）におかれ、ほかに八丁堀に蔵屋敷がおかれた。

参勤交代のために、江戸を中心に街道が整備された。近江には、東海道、中山道、北国街道がはしり、宿場町がおかれた。なかでも、東海道と中山道の分岐点の草津宿は栄え、今も本陣の遺構などよく保存されている。

町人の町

江戸時代、江戸を中心に各地の城下町をむすぶネットワークが形づくられていた。しかし、城下町ではない町もみられた。近江には、城下町として建設され、江戸時代になって町人の町として発展した町がある。長浜、近江八幡、日野などである。長浜は信長の家臣として小谷城の攻略にあたった秀吉がはじめて大名として構築した城下町である。小谷城を湖畔の長浜に移し、小谷城下から町を移しての建設で初期の城下町の形をよくのこしている。

江戸時代になって長浜城は撤去され、城下町の機能を失い彦根藩領となった。町人たちは大通寺を核として町の再建をめざした。長浜では技術への関心がつよかった。鉄砲の生産地としてしられた国友も、「刀狩り」の世となり苦境にたったが、技術の転換をはかり、鉄砲製作の技術を失うことはなかったのである。幕末になると、国友一貫斎はその技術でもって天体望遠鏡をつくり、天体観測をはじめた。また、享保年間には、西陣の機織技術を丹後を通じてとりいれ、長浜で浜ちりめんの生産がはじまった。彦根藩は浜ちりめんを国産として奨励し、京屋敷で国産を売りさばいた。海保青陵は「武士論にかまはずに面白き経済を工夫」（稽古談）と、武士の重商政策を高く評価した。武士の論理は大きく転換した。

近江八幡は安土炎上の後、豊臣秀次の居城として構築された。「八幡山下町中定」に示された城下町の特権をもつ町として出発した。しかし、秀吉に実子秀頼が生まれると秀次の運命は暗転し、近江八幡も城下町の機能を失なった。町人たちは仲間・ギルドを組織して回復をはかった。蚊帳仲間、畳表仲間などのほか、飛脚仲間も注目される。町人たちはここを本拠に各地にでかけて商いをし、出店を設けてしだいに商圏を拡大した。近江八幡に本店をおき、各地の出店との連絡を密にし、飛脚が情報の伝達に活躍した。近代商社のはしりともいうべきネットワークを形づくっていたのである。本店の機能をはたしたしもた屋風の町人の町は連子格子《れんじこうし》と見越しの松のつづく町なみとして伝建地区となり、国の重伝建（重要伝統的建造物群保存地区）としてしたしまれている。

こうした日野や五個荘を含む近江商人の広域にわたる活躍を、江戸中期の儒学者荻生徂徠は「日本国中ノ商人通ジテ一枚トナリ」（政談）とのべ、町人の結束による全国市場の支配を警戒した。たしかに、町人たちは藩の領域をこえて、はるかに広い商圏を形づくっていたのである。

近代への陣痛

幕末になると、区々に分立した藩的対立をのりこえて、統一的な近代国家を夢みる動きがあらわれてきた。京都ではかつて、儀典のための連絡の場としておかれ、やがて国産売捌の場となった京屋敷が、幕末になると倒幕をはかり、各藩の枠をこえ、変革をめざし行動する志士たちが、連絡をとり密議をこらす「処士横議」の場となったのである。江戸時代を通じて政治の場をはなれ、御所を中心として伝統的権威を保つ静的な世界が、幕末になって、突然、動的な政治的抗争の場となってしまったのである。今にのこる高瀬川沿いにたつ志士たちの遭難を示す石碑は、このことを明瞭にものがたっている。

徳川三百年の太平の世をへて、京都と近江は武士や町人がともに藩の領域をこえて行動し活躍する場となった。町人たちは商いを通じて商圏の拡大をはかったが、国家構想はえがかれず、町人国家は実を結ばなかった。かわって、武士たちがえがいた近代国家のデザインによって、明治国家は実現したといえよう。

＊『古都』三三一(二〇〇一冬)

蓮如の町づくり

ご紹介いただきました西川です。蓮如上人とゆかりの深い大谷大学で話をすることを大へんありがたく思います。私が蓮如上人と寺内町について考えておりますことを、みなさんに聞いていただきたいと思う次第です。

はじめに、私が蓮如上人に関心をもちましたきっかけについてお話します。都市の歴史に関心をもって、大学院のころ、城下町についてしらべていました。奈良の今井町で調査する機会がありました。そこが寺内町だと知っていましたが、寺内町と城下町との対比などは考えていなかったのです。その後、水野清一先生を隊長とする京都大学のイラン・アフガニスタン・パキスタン学術調査隊に参加して、ガンダーラからアフガニスタンへ調査にまいりました。各地を車で移動しましたが、訪れた都市の多くが城壁に囲まれていました。高い城壁に囲まれた都市の近くで車がパンクして、たちどまって城壁を眺め、日本の町とはずいぶん違うと実感したわけです。また、アフガニスタンのバーミヤンでは二大石仏のたつ仏教遺跡を訪れました。そこでは三五メートルと五三メートルという二つの巨大な仏像が伽藍の中心をなしていましたが、その仏像の頭上へ岩壁に刻まれた通路を通って出ることができるのです。そこからバーミヤンの平原を見渡すと、眼前にシャール・イ・ゴルゴラという名前の一つの丘が見えます。シャールというのは町、ゴルゴラというのは泣き叫ぶという意味ですから、「阿《あ》鼻《び》叫喚《きょうかん》の巷」と訳したらいいかと思います。ジンギスカンが自分の孫の戦死に激怒してこの町を攻撃し、老若男女すべてを虐殺したという言い伝えがあって、この丘では今も泣き喚き、叫ぶ人々の声が聞こえるというように伝えられています。そこで、シャール・イ・ゴルゴラとよばれるようになったというのです。日本にも住民が運命をともにする町があっただろうかと考えたとき、奈良の今井町を思い出しました。そして私は寺内町に注目し、あらためて関心をもつことになりました。こうして、蓮如上人の町づくりに出逢うことになったわけです。そういういきさつで私は蓮如上人の歩みの中で、寺内町がどういうようにして形作られていったのかをかんがえ、たどるようになったのです。したがって、私が関心を持っていますのは、都市建設者としての蓮如上人で、その観点から蓮如上人の事績に注目しているのです。(以下、上人という尊号は略させていただきます)

寺内町の胎動　堅田・金森

蓮如は長禄元年（一四五七)、法灯を継がれると、活発な活動を大谷の坊舎を中心に続けられます。こうした動きが、当時の山門の比叡山延暦寺を中心とした古い仏教の勢力と対立することになって、大谷の坊舎が寛正六年（一四六五）に破却されました。これが一つの大きな転機になってくると思います。蓮如が大谷の坊舎を離れて避難され、落ち着かれた土地が近江の湖南で、その中心となったのが堅田です。堅田は浮御堂でよく知られておりますが、堅田から、琵琶湖大橋でちょうど対岸へ渡ったところが守山市です。この守山市に金森《かながもり》と赤野井という集落があります。蓮如は、本願寺が地上から姿を消した苦難の時代を、この堅田や金森で過ごされたのです。布教活動をつづけるなかで、本願寺を再建し、寺内町をどういう理念で形成するかを考え、都市建設をする方向をつちかわれたのがこの堅田や金森、赤野井などの地ではないかと考えるのです。堅田や金森においての苦難にみちた布教活動のなかで本願寺を復活し再建することが、蓮如の最大の関心事であったでしょう。そのためにどういう方向をとるべきかを、蓮如は真剣に考えられたと思います。その苦難の時代の蓮如を支えたのが、堅田や金森の辺りのいわゆる堅田門徒や湖東の門徒たちでした。彼らの行動に注目されたにちがいありません。

まず、堅田がどういう町であったかについて簡単にみてみましょう。中世末には堺が注目すべき都市の動きをみせます。堺は奈良、京都のような伝統的な都市とは異なり、新しい市民的な気風のあふれたいわば自由都市の動きを示していました。堺が国際的な港湾都市として自由都市の性格を持っていたのに対して、堅田は内陸の港町として自由都市の気風の高い土地であったと思います。堅田の町の社会構成について、ここには本福寺の記録が残っています。それをみますと堅田のめざましい動きがよく読みとれます。堅田では地侍の層である殿原衆と市民の層である全人衆《まとうど》がいます。殿原衆は禅宗に帰依して、祥瑞寺がその拠り所となりました。この祥瑞寺で一休和尚が修行されたと聞いています。いっぽう、全人衆という市民層を組織していたのが本福寺であって、その中心が法住だといわれております。

ところで、本福寺の記録の中に出てくる当時のこの町のいろいろな動きを、私は非常に興味深く思いました。殿原衆も全人衆も分け隔てなく、協力して町の運営にあたっていたということが本福寺の記録に出ていますし、当時の町の気風を示す注目すべき事件もえがかれています。

当時、将軍義政の花ノ御所を構築するため、用材が湖上を運搬されていました。琵琶湖が南の方で細くくびれていますが、その西岸に堅田は位置しています。ここで、海賊行為をやるというようなこともありました。やがて今度は逆に、堅田に一札さえ入れるならば、湖上の交通は安全が保障されるという、湖上交通の水先案内人の役割を果たす「上乗り権」を堅田はもつことになりました。ある時、兵庫という青年が、こともあろうに将軍献上の用材に海賊行為をかけたのです。当時室町幕府は力が衰えていたとはいえ、たちまち、堅田は大きな危機に見舞われたのです。この堅田物庄の危機に兵庫の父、弾正という人が、「余人の代わりに、とりわけ自分の息子の代わりに、腹を切って自分の首を謝罪の意味で幕府にさしだすならば、堅田の安全は保障される」、といって自分は自害したことが、美談として堅田に伝わっています。

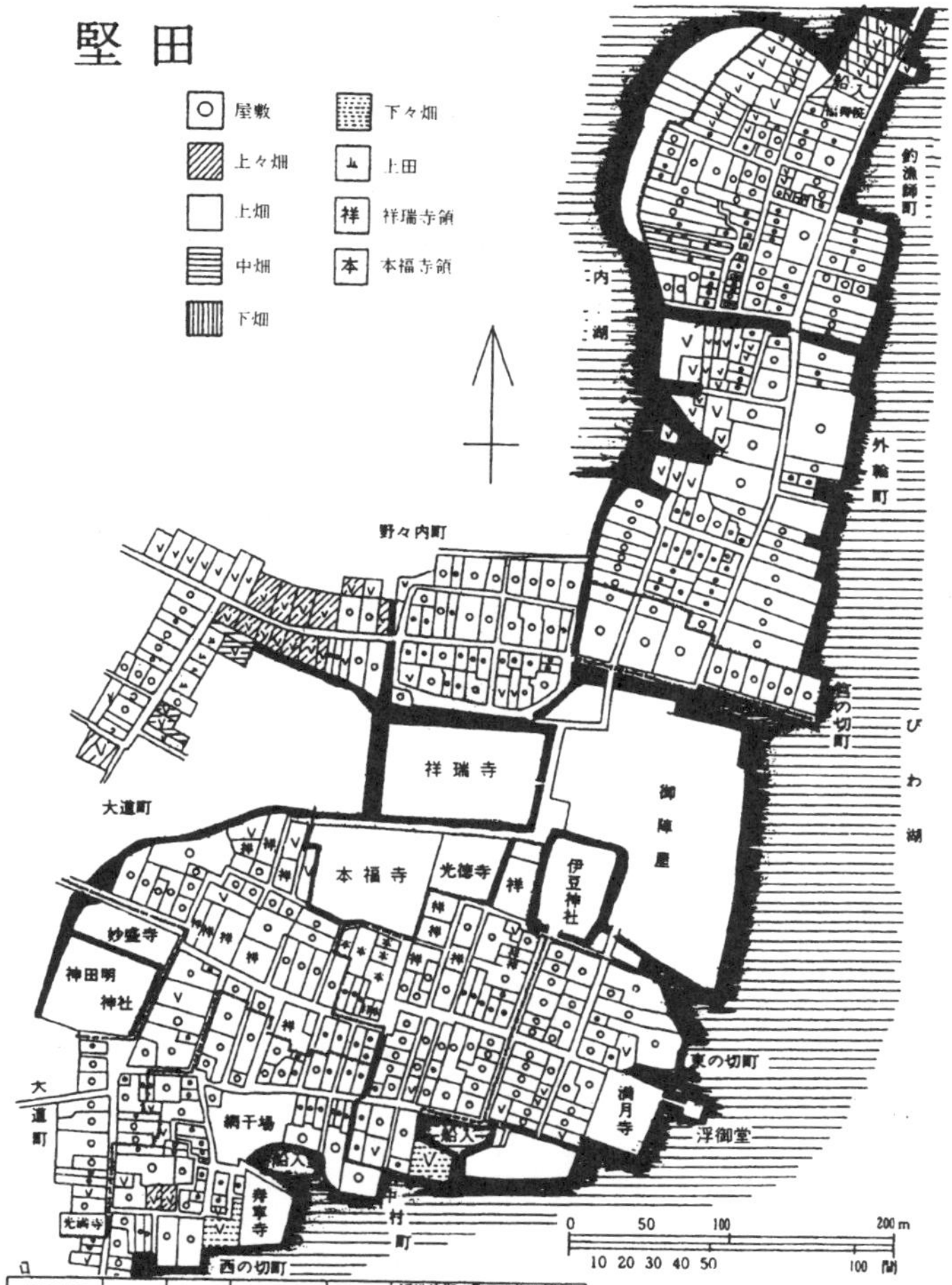

図版番号	12	市町名	大津市	城郭名	近世後期の堅田の復元図(文政8年　1825)

図１　近世の堅田（文政８年1825）
—滋賀県中世城郭調査報告書より—

この話を聞いたときに、堅田の町では、自分の運命と自分が住んでいる都市の運命を運命共同体だと考える気風がみなぎった町だと、私は思ったわけです。現在でも堅田の町へ行くと、掘割り、クリークのようなものがぐるっと巡っております。これは堅田の当時の面影を残しているものだと思います。堀を巡らし城塞化するという形で、実際に山門・延暦寺の方から攻撃を受けたとき、堀の際まで敵が攻めてきたのを堀のところで守ったと本福寺の記録には記されています。つまり町を共同して守っていこう、そして堅田の町を運命共同体としようとする自覚が進んでいたと思ったわけです。

蓮如は、堅田の法住を中心とする堅田門徒の中で、本願寺が大谷破却という非常に苦難の歩みを歩もうとしている時に、堅田の動きを身近に見られたのだと思います。そして、人々を団結させていく、町を守るために団結する結集の核に本願寺の寺院がなっていることに注目されたのだと思います。

堅田は先程言いましたように湖上の水先案内の権利を持っていますし、内陸の自由都市ですので、舟を湖上の運搬に使っていました。また、堅田衆は、舟に乗って日本海の方でも活躍します。裕福な商人、「有得」の商人もうまれました。堅田の門徒たちは湖東や湖西の湖畔に道場を建てています。また、商いをする先の日本海の沿岸にも、道場を建てています。

金森でも同じような形で、自分たちの村の生活をみずから守り、おそいくる外敵とたたかう自衛と自治の村づくりがすすんでいたのです。現在でも金森や赤野井に行くと、城塞化された土居や掘割りが残っています。その中心に大きな本願寺のお寺が建っているという形になっています。このように湖東においても湖西の堅田と同じように、人々が信心決定する講が組織されて、本願寺の寺院が村の人びとの団結する場となっていたのです。蓮如は布教の活動を続けられる中で、注目されたのだと思います。

そういう布教活動と経験のなかで、本願寺を再建するために、また強固な本願寺の教団を組織するためにも、湖東や湖西で見られた町づくり、村づくりの核となる本願寺の寺院の動きに注目されたのだと思います。おそらく、仏法によって全ての人が保護され、全ての人が処罰されるという理想の世界を構築したいという、仏法領へのあこがれを蓮如は持っておられたし、それを地上に具体的に位置づけるためには、やはり寺内町のような都市が必要であり、堅田や金森での経験を通じて、寺内町の構想やデザインをもたれたのではないかと考えるわけです。このようにして本願寺の再建と本願寺教団の飛躍をめざす蓮如にとって、湖東の金森や赤野井を中心とした門徒衆や堅田門徒衆の動きは大きな影響を与え、寺内町の理念をここ堅田や金森など近江の地で形づくられたのだと思います。

原・寺内町　吉崎

やがて蓮如は文明三年（一四七一）になると、北陸の吉崎にむかって旅立たれます。そのときに堅田西浦に御坊を建てて本願寺を再現されたらいいではないか、ということを進言するのですが、蓮如は「山門の方をご覧ぜられて」つまり比叡山の方を指さしまして、「あれが近いほどに」、すなわち延暦寺が近いからここでは駄目だといわれたのです。蓮如は都市を建設する条件と状況、見通しに的確な判断ができる人であったと思います。こうして北陸に向かうその行き先が吉崎です。今も、吉崎では五月のはじめになると蓮如忌が開かれていますが、それは蓮如の北陸への進出、吉崎での寺内町の建設を偲んで、門徒たちが吉崎での寺内町建設を記念し蓮如を思慕しているのだと思います。

蓮如にとって、吉崎の地は大乗院の土地であり、非常に深い関連がありました。堅田商人たちの日本海沿岸の商いの交通ルートにものっています。しかし、蓮如が本願寺を再建するためには克服しなければならない諸問題もありました。この辺りは白山を中心に天台浄土教の信仰がつよく、また時衆遊行派による信仰もつよく、高田派専修寺の布教もすすみ本願寺教団が開拓すべき素地をそなえ、異端とのたたかいを果敢にすすめるべき土地でもあったのです。そういうところに敢えて本願寺の再建をめざす土地を選んだわけです。

吉崎は、今の福井県と石川県の県境に近い日本海に面した景勝の地で、小高い海に面した丘の上に吉崎の寺内町は築かれたわけです。吉崎で蓮如は寺内町の原型となる原・寺内町を築かれたのだと思います。その土地は、越前国河口庄細呂木郷というところにあり、西から北にかけて北潟湖から日本海につながっています。こうした地に寺内町を築こうとしたのです。『御文』の中には「吉崎という

この在所、すぐれておもしろきあひだ、年来虎狼のすみなれし、この山中をひらきたいらげて」とい

うように書かれていますが、住む人もなかった山の上に御坊を建て、これを核とした寺内町を建設するという計画が立てられました。

『御文』を見ますと、その御坊を中心にして馬場大道がはしり、その両端に北大門とか南大門というのが設けてある。そのように吉崎に寺内町が築かれるとたくさんの門徒たちが集まってきます。「加賀、越中、越前の三カ国のうちの、かの門徒の面々よりあひて、他屋と号していらかをならべ、へいをつくりしほどに、いまははや一二百間のむねかずもありぬらんとおぼへけり」と、主として北陸の人たちが集住したようすが書かれております。多屋というのは、多とも書きますし、そのほか他や、たんぼの田とも書きます。多屋というのは、本家があってどこか離れたところに田圃《たんぼ》をひらき、そこに建てた臨時の小屋のことです。従っておそらく多屋というのは門徒たちが自分の居住地を離れて、吉崎へ集まってきて多屋に住んだということを表しています。たちまち、たくさんの多屋ができてきたのでしょう。

蓮如は、「おそらくはかかる要害もよくおもしろき在所、よもあらじ」といわれています。『真宗懐古鈔』を見ますと、「アタカモ大国ノ城郭ノ如く、美々布霊場」というように発展したとあります。蓮如は『御文』の中で、「あら不思議や、人の都に今はなりにけりそも人間のわざともおぼえざりけり、さてもこれは所領所帯にてもかくのごとくはならざりけり、その謂はひたすら仏法不思議の威力なりしゆへなり」と荒れ果てていた土地が人の都となったと述べています。これは人間のわざとは考えられないことだ、とてもこの所領所帯、戦国の武将のような俗の力によってもできるものではない、御坊を中心としてこのように多屋が立ちならび、みごとな寺内町の原型が築かれたことを、「仏法不思議」の力によるものだと自負しておられるのです。

吉崎寺内町の構成を知るのに、『御文』の中にいろいろな言葉が出てきます。それは「多屋坊主」、これはおそらく加賀・越中・越前の本願寺の末寺の僧侶たちが、吉崎に来て多屋に入って、多屋坊主として吉崎の御坊を支えたのだと思います。それからもう一つは門徒たちが住んでいる村や町を離れて吉崎に参り、滞在している。そういう門徒たちは「多屋衆」と呼ばれているわけです。その他に『御文』の中には「多屋内方」つまり多屋坊主の奥さんに対して呼びかけている手紙も見られます。吉崎の多屋はこうした三つのグループからなる人びとで構成されていたのです。みなさんもご覧になったかと思いますけれども、いま、京都の国立博物館で開かれている「蓮如と本願寺」展に行きますと、吉崎御坊の絵図が展示されております。それを見ますと、御坊を中心に馬場大路がはしり、北の御門と南の御門がたち、その中にあるのが『御文』に出てくる門内の多屋だと思います。ここには多屋坊主と多屋内方が住んでいたのでしょう。門の外にある門外の多屋、ここには多屋衆が滞留していたのだと思います。多屋衆は生活の本拠である土地を離れて吉崎に来たのです。この多屋衆と御坊との間を緊密に結びつける役割をはたしたのが多屋内方だと思います。御坊を中心として多屋坊主、多屋内方、多屋衆らが吉崎寺内町を形作っていたのだと推測します。

吉崎の蓮如の銅像の立っている辺りが、御坊の建っていた丘だと思われます。その丘より少し下の山腹に行くところにずっと畑がひろがっていますが、おそらく「門外の多屋」と呼ばれる多屋衆たちが住んでいたのではないかと思います。吉崎寺内町のめざましい動きが、周辺の伝統的な勢力を刺激し、対立をうみ、吉崎はたいへん大きな危機を迎えることになるわけです。

これに対して、蓮如はしばしば『御文』に、吉崎寺内町の危機に対処をするために訴える文章をたくさん残されています。これらの『御文』は、いわゆるお経、経典とは性格を異にし、吉崎寺内町の危機を訴えるもので、危機にたつ寺内町を維持していくために、寺内町の危機をのりこえるために書かれたものだと私には思われます。蓮如はすぐれた組織者だといわれていますが、コミュニケーションのシステムについても非常にたぐいまれな、新しい伝達の方式をきりひらかれた方だと思います。『御文』には他の仏教の経典とは違った一つの性格があるように思います。

吉崎についてては発掘調査も進んでいないのでわからないことがたくさんあります。吉崎寺内町をこれから解明していく上にもう一つ注目されるのは、蓮如のそばに仕えた蓮崇という人物のことです。この人は、四十になるまで字を知らなかったという人で、おそらく北陸の農村の出身ですが、蓮如に出逢い、文字の勉強をし、やがて『御文』の製作にまで関与し、蓮如を支える人物になるのです。こうして蓮如の信頼を得て、門徒たちとの取次にあたり大きな役割をはたし、吉崎の屋敷には蓮崇の土蔵が十三も並ぶまでになったといわれています。こういう人物が蓮如を支えていくのですが、吉崎をめぐる抗争のなかで蓮如が吉崎を離れられるときに、蓮崇は破門されるのです。しかし、蓮如の死の直前に破門をとかれています。

以上のような意味で蓮如が吉崎を離れるまで、文明三年から七年までのごく限られたわずか五年の期間ですが、蓮如は寺内町の原型というものを形作られたのだと思います。外の世界との戦い、軋轢というものが非常に強くなり、緊張が高まってきます。そのときに武士でない僧の立場にあって、敵を攻めることをしてはならない。自身の要害にあって守るは常のならいであるけれども、つとめて攻撃的であってはならない。まず自衛は許される、攻撃は許されないということが、蓮如の基本的な姿勢として書かれています。そして、王法と仏法という非常に難しい問題に対しても、「王法をば額にあてよ、仏法をば内心に深く蓄へよ」というような言葉も残しておられます。王法と仏法に関する蓮如の一つの解釈も、この時期にはっきり出てきたのだと思います。

中央寺内町・山科

ついで吉崎をはなれて向かわれる先が畿内です。文明七年（一四七五）に吉崎を離れ、小浜から畿内へはいって、河内の出口、摂津富田とか和泉の堺で布教に勤められるわけです。そのときになってくると、蓮如の動きが、吉崎に比べてかなりなめらかになるように思います。

このとき、蓮如を支える人として蓮崇と違った資質の人が出てきます。これらの人が後の山科とか石山の寺内町の建設に大きな寄与をするようになるのです。堺の商人、町衆に樫木屋道顕という人がいます。樫木屋道顕というのは、どういう出自の人かというと、お父さんが明の商人、中国からの船乗りの堅致という人、母が堺の町衆万代屋の娘の木ノ花という人で、二人の間に生まれた混血児なのです。木ノ花の木と堅致の堅をとって樫木屋と名のったといわれています、これは吉崎の寺内町で活躍した蓮崇とはかなり性格が変わっています。また、八尾のお医者さんである吉益半笑という人や、堅田の門徒や金森の道西が、直接、蓮如を支えるようになってくるわけです。活発な活動が続けられます。商業活動の活発な畿内の地で、いわば都市の動きが活発に進んでいた地域において、蓮如は寺内町の建設を積極的におしすすめようとしたのです。吉崎での実験を今度は畿内でも実施されることになったのです。本願寺教団には現在もたくさんの別院があり、その多くが蓮如に深い関わりを持っていますが、そういうような形で畿内を中心に寺内町が建設されるわけです。

そして文明十年（一四七八）に京都に近い山科野村に、本願寺を再建します。山科に寺内町を築くことを進言したのは金森の道西であり、山科に土地を提供されて、本願寺の再建を決められたわけです。

その場所は、山科の盆地の中にありまして、いわば、昔の東海道、現在の国道一号線より少し南に位置を占め、東海道を見通すところです。南殿光照寺の古図を見ると、三条通りと書いてあります。

京域をこえても三条通りが山科までずっと続いているという点も日本の城壁のない都市の形態を示すものとして非常におもしろいのですが、その三条通りは、京都と東国を結ぶ幹線道路・東海道で、それを見通せるような位置にあったのだと思います。そして現在の山科の中央公園の近くに、山科様子見町という地名があります。これは「様子を見る」おそらく山科の寺内町の望楼のようなものが建っていて、そこから東海道の動きを監視する場所に立地していたのでしょう。

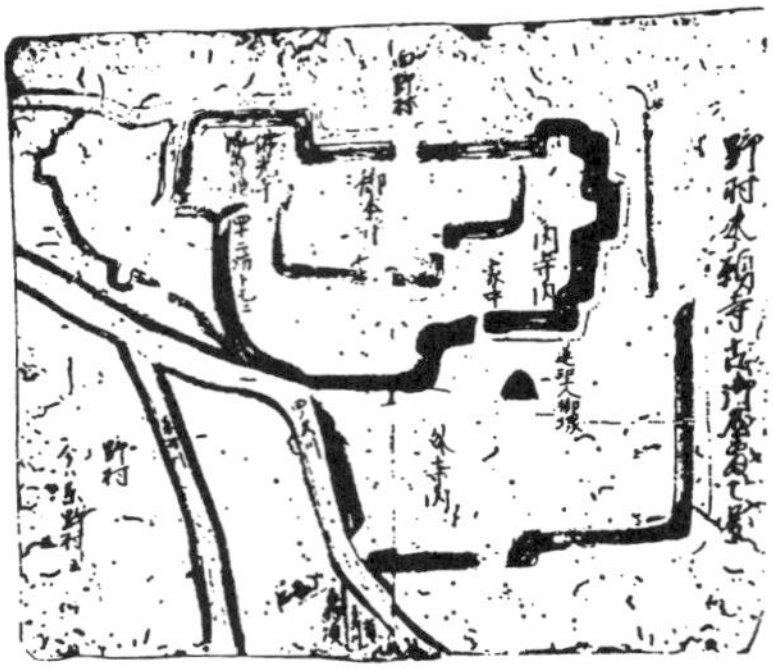

図２　野村本願寺古御屋敷之図

図３　山科寺内町（光照寺本による復原）

それからもう一つ、これは寺内町に共通してみられる特徴ですが、そういう交通の地理的条件に加え、現在でも四ノ宮川、音羽川、安祥寺川が流れ込んでいるように、この地域はこれらの小さい河川の氾濫原だったわけで、人が住まない、住めなかったところなのです。蓮如はそういう所に寺内町をつくっているわけです。有名な濃尾平野に点在する輪中の集落もそうです。木曽、長良、揖斐川の氾濫原に、土塁をめぐらして寺内を築いて生活の適地とした門徒たちの集落なのです。氾濫原という不安定な地に土木技術を行使することによって輪中を築き安定した土地を提供したのです。そういう技術力を駆使できる能力を、蓮如をめぐる本願寺教団はそなえていたのです。そういう技術に対する理解と関心が強かったのだと私は考えます。だから町づくりの技術をもって、それまで人が住まなかった土地に、寺内町は築かれたのです。その典型が山科だということになると思います。『御文』を見ましても、御堂の建築にあたって、周りの湿地の汚水の排除とかそういう土木、建築についての細やかな配慮が示されております。これは蓮如が都市建設技術に対して強い関心と力を持った人であったと思われます。

都市構築の技術を芸術の域にまでたかめるような造園家としても、蓮如は注目されています。山科に蓮如の隠居所として知られる南殿光照寺があります。そこに蓮如がデザインされた庭園が残っています。庭づくりについても各地で指導され、関与されたわけです。

山科寺内町について、南殿光照寺あるいは西宗寺などにいくつかの古図が残っており、大谷大学にも伝えられています。そのなかのひとつ、南殿光照寺の古図についてみますと、山科寺内町は三つの郭に分かれております。中心の郭は御本寺、本願寺を再建した場所です。それからその外側に内寺内というのが第二郭としてあります。第二郭はいわば、本願寺の一家衆とか家中とか、坊官とか呼ばれる人の屋敷です。そこには「仏光寺帰尊地・四十二坊」と記され経豪等の興正寺派四十二坊というのも含まれております。それから「山科在京の衆」、という多屋もここに建っています。それから第三郭が外寺内と呼ばれるところで、ここに町衆が住んでいたということになっています。つまり当時の面影を偲ぶことができる図面が残り、その遺構もよく残っているわけです。

当時どういう生活が行われていたかを知るために『本願寺作法の次第』という山科寺内町時代の記録をみますと、絵かきが住んでいたり、餅を作ったり、塩を売ったり、酒、魚を売ったりする町衆が住んでいます。それから町の生活は、時の太鼓が二カ所に置かれていて、「暁七時、昼、日没八時」に時を告げて打たれる、と記されています。当時西欧から日本に来ていたヤソ会士の記録を見ますと、大坂石山寺内町については次のように記しています。「夜に入りて坊主彼らにむかいて説教をなせば、庶民多く涙を流す。朝にいたり鐘を鳴らして合図をなし、ここにおいて皆堂に入る」と。だから山科寺内町の時鐘の音が山科寺内町に住む町衆の生活時間を決めていたのです。そして、山科寺内町では本願寺を中心に一体化した生活が営まれていたことは、注目すべきだと思います。しかも当時、京都は応仁、文明の乱で荒廃していました。本願寺を中心として一体感にあふれた緊密な生活共同体が築かれていたことを、当時の京都の貴族は「寺中は広大無辺なり、荘厳ただ仏国の如し。在家また洛中と異ならず」と書き残しています。戦乱でさいなまれた京都に比べ、山科では仏国のような都市が構築され、人びとの住まいは京の町中と変わらない。そして居住している人びとも富貴にして、家々のたしなみもずいぶんと素晴らしいというような記録を残しているのです。

ここでもう一つ注目しておきたいのは、この時期にたくさんの寺内町がつくられるわけですが、本願寺が再建されたのがこの山科寺内町です。畿内を中心に各地で構築された寺内町の中で、本願寺のたつ山科寺内町は中心的な位置を占めていたのです。各地の門徒たちにとって本願寺のたつ山科寺内町は地方の門徒たちが参詣し、番衆として坊衛のために「上洛」し、「在京」する本願寺法王国の首都ともいうべき位置を占めていたのです。

当時戦国の乱世には、各地に群雄が割拠し武力抗争をつづけていました。そういう時代に本願寺法王国という理念が生まれ、やがて現実に機能しはじめたのです。当時、地方に住む本願寺の門徒にとって、本山の本願寺がたつ山科は、首都のような位置を占めていたのです。長亨二年（一四八八）には、北陸の門徒たちは富樫政親《とがしまさちか》を圧倒して、一揆の軍が加賀を中心にして、「百姓の持ちたる国」（実悟記拾遺）のようになり、「加賀、能登、越中の三カ国は本願寺の領地となりて、年貢を山科へ指し上げる」（真宗懐古鈔）と記されています。彼らは信仰の世界においても本願寺のある山科寺内町を首都と考えていたし、実質的にも年貢を山科へさし出すという形で首都ととらえていたのです。こうなってくると、天下を武力で統一しようとする戦国武将と鋭い対立関係になるわけです。そういう動きに対して、蓮如も自衛はしても、世俗の抗争の渦にまきこまれ、戦国の武将に対する警戒の言葉を残しています。しかし、天文元年（一五三二）八月、山科は、当時法華宗徒と近江の守護佐々木六角の連合軍の攻撃を受けて炎上してしまいます。

中央寺内町・大坂石山

蓮如は山科でなくなるその前年の明応五年（一四九六）に大坂に坊舎を築いています。ここも当時「虎狼、虎や狼の住む所で、家が一つもなく、畑ばかりが広がっていた」ところに、寺内町が建設されたのです。現在大坂石山本願寺がどこにあったか、大坂石山寺内町がどの辺に位置していたかについては、考古学的にまだ確定されておりません。ほとんど調査も進んでおりません。推定されているのは現在の大坂城の下層の、秀吉の大坂城のまだその下に大坂石山寺内町があるわけです。大坂石山寺内町の構成を考古学的に明らかにするのは非常に難しいのです。ただ、石山寺内町や石山本願寺について『天文日記』という記録に石山寺内町の都市の動きが生き生きと描かれています。

寺内町の建設にあたって、蓮如は六人の番匠（大工）を呼び寄せて、「町の番屋、櫓、それから橋、釘抜き（町口に立った木戸門）」これをつくることを命じています。これらはすべて、環濠城塞化された寺内町の防御的な施設なのです。大坂の『御坊御建立縁起』によると、天下無双の要害の地だと書いてあります。それから後になって信長の『信長公記』の記録を見ても、「大坂は、凡そ日本一の境地なり」と記され、立地的に国内の交通の利便もすぐれている。そして、そこにたくさんの門徒が集まって、方八町を構え、そしてその建設については加賀の国より城造りが参加している。その真ん中に高い地形があって、ここに御堂を建設していく。仏法繁盛の要地であり、そこに在家が家を並べ軒を連ねて、日夜本願寺へも参ると『信長公記』に記されています。このように戦国武将信長にとって、大坂石山は垂涎の地であったのです。大坂を押さえることを期待し、それも石山戦争の要因になったのです。このように戦国武将にとっても重要な大坂に蓮如は寺内町、石山本願寺を築きました。『天文日記』とか『私心記』などを見ますと、ここには「六町の構え」だとか「寺内六町の衆」とか記されています。寺内六町は、北町、清水、南町、北屋町、新屋敷、西町をさし、ほかにも横町、中町、檜物屋町、造作町、寺内屋町が記されています。町衆の職業をみると、番匠（大工）、茶屋、扇屋、縄結人、塗師、それから鍛冶屋、桶屋、絹屋、炭屋、餅屋、薬屋などの職種があります。また、檜物屋町、青屋町のような同業者町を思わせる町もみられます。

ところで、山科とも関連するのですが、ここには町衆のほかに番衆と呼ばれる人がいて、番屋に交代で詰めています。番衆は地方の門徒がえらばれて在所をはなれて番屋に入って、石山寺内町、本願寺の運営にあたり、防衛に参加していたのです。それで、中央寺内町としての山科から移った大坂石山本願寺にも番衆として「上洛」し、「在京」していたのです。地方の門徒たちは、山科・石山に番衆としてでかけることを「上洛」といい、滞在することを「在京」とよんでいたのです。京も洛も、天子のいる中央の都市を意味します。山科や石山を門徒たちの本願寺法王国の首都と意識していたのです。中央と地方の関係から見る時、きわめて注目すべきものがあると思います。

戦国武将たちも類似したことをやっています。武力抗争をやって優位に立った武将は、家来になった人に、地方にある在地から自分の城下に住み、参勤するように強制するわけです。在地にいても、反逆をおこさないという意味の「証人」として「人質」をおく形で、城下を固めたわけです。戦国武将はそういう君臣関係をかためたわけですが、これに対して蓮如は、それぞれの在所において番衆に選ばれることは、「世間世上の奉公なんぞのやうにおもひては浅ましいことなり」（帖外御文）といい、戦国武将のめざしている参勤交代とは全く違うのだと強調しているわけです。すでにこの番衆に加わることによって、「仏法の次第を聴聞する有り難き宿縁なり」（同上）と思わなくてはならないといっているのです。こうして選ばれた番衆たちは、石山本願寺、寺内町の防衛にも参加し、危機の時には急いで石山本願寺の防衛に参加し、地方の寺内町が危機になると、石山から在所へ「急ぎ急ぎ帰れ」と急いで帰っています。番衆たちは、中央寺内町と地方の寺内町とを緊密に結びつける役割を果たしていたのだと思います。

きびしい緊張関係の中で番衆は重要な役割をはたし、平和なときには石山本願寺を中心にして、寺内町では非常に平和な都市生活が営まれ、山科寺内町で申しましたように太鼓の音や鐘の音が寺内町の生活時間を規定するしごとにも番衆は参加しています。また本願寺は当時成長しつつあったさまざまの民衆芸術のパトロンとしての役割を果たしていきます。また、寺内町の運営に番衆は町衆と協力し、石山寺内町の都市生活を営んでいます。六町の町衆がそれぞれの町の代表として、本願寺の庭で綱引きをして力を競い合ったりという、平和な都市生活をたのしんでいます。

ところが、大坂石山本願寺のたつ寺内町をみずから本拠としたかった戦国武将信長にとって、石山寺内町を中心に強い力を持ってきた本願寺教団や門徒たちは、力でもって圧倒しなければならないものとなりました。武力で天下を統一しようという戦国武将にとって、衝突は避けられないことになったのです。元亀元年（一五七〇）本願寺は戦国武将に対する伝統的方針をすて、信長と対決することになりました。九月十二日の夜中になって、「寺内の鐘が突かれ候えば、すなわち人数集りけり、信長方は仰天なり」（細川両軍記）という記録が残っております。石山寺内町の平和な時を告げていた鐘が、石山寺内町の危機を告げて打ち鳴らされると、番衆や町衆が一斉に防衛の体制をとるという状況を見て、信長軍は仰天したというわけです。石山を中心とする寺内町の連合と信長との対決は約十年にわたってつづき、なかには雑賀の門徒衆のように鉄砲を持って参加する鉄砲衆もいるし、各地から門徒たちが石山寺内町を防衛するために参加したのです。十年にわたる戦いののち、天正八年（一五八〇）ついに信長の軍に屈し石山は敗退してしまうわけです。

こういう世俗の権力との対決は、蓮如は意図しなかったと思います。しかし、世俗との直接の対決を避けるのが蓮如の方針だったのが、はげしい時勢の動きの中で、結局は戦国武将との対決を避けられなかったのが寺内町をめぐる歴史であったと思います。そして短い百年たらずの歴史で寺内町は消滅してしまうのです。

日本の都市の歴史の中で、あるいは世界的に見た仏教と都市の歴史の中で、蓮如の意図された寺内町の位置づけについて、みてみたいと思います。

都市と仏教寺院

仏教がブッダによって創唱されたころ、ガンジス川の流域に都市が発達し、その当時アーリア人固有の習俗や宗教にあきたらなくなり、バラモンを中心とした厳しい身分差別やカースト制度を克服すべき桎梏と考える人たち、不満を持つ人たちがあらわれてきてました。そこにブッダが現れ、全ての生きとし生けるもの皆平等だというきわめて高邁な理想主義を唱えると、現状に不満をもつたくさんの人々が集まってきました。それがひろく広がって仏教が興隆していく起点になるわけです。ブッダの周りに集まってきた人は、出家して世俗の生活を離れた僧侶と、世俗の生活を続けながらブッダに帰依する在俗の信者という二つに分かれていったわけです。ところが、終日哲学的宗教的な瞑想や思索に耽っている僧侶と、世俗の生活をしている信者の間には、当然のように格差がでてくるわけです。最初にブッダが描いておられたのは、四方僧伽というあらゆる身分の人が皆平等につき合えるという、なんの差別もない世界でした。

それからやがて生まれてくるのが精舎—僧院、ヴィハーラです。当初、出家の僧侶は定住の生活をしないで、遊行の生活をする。山野を歩き、原野を歩いて、森のなかにこもり、樹のかげ、岩のかげ、洞穴などをねぐらとしていました。ところでインドには雨期がありますが、雨期もかまわず仏教の出家者は歩いたわけです。それに対して他の宗派の人は非難しました。それは、雨期こそ植物が芽を出し、動物が巣ごもる時期だから、そういうときに歩いて草の芽や虫や鳥の巣をいためてるのは困るというのです。その非難に応えて、雨期の間、安居《あんご》の生活に入るのです。夏安居、雨安居といって、雨の時は一カ所に定着するというのが精舎の始まりです。やがて遊行するよりも定住して瞑想に耽る方がいいという僧侶も出てきて、仮設の精舎は常住のヴィハーラ、僧院へと変化します。仏教の寺院はこういう出家の僧侶の僧院からはじまりました。

また、ブッダが亡くなられると、ブッダの教え、ブッダという偉大な人格に、「かたち」で触れたいという世俗の信者たちの要望がありました。これに応えるために、仏塔、ストゥーパが築かれました。ブッダの舎利、遺骨を八つに分割して八つの塔を建てる八分起塔という形で仏塔が建てられたのです。さらに、ブッダが生まれられた所、悟りを開かれた所、初めて説法をされた所、なくなられた所といった聖地を巡礼する動きが信者の中で生まれてきます。仏塔崇拝がひろまるのに、アショカ王によるマウリア帝国統一という大きな政治的な変化があります。多民族、多宗教からなる広大な帝国を統合するために、仏教をマウリア帝国統合の指導理念とするわけです。ちょうど日本でも、聖徳太子が十七条の憲法で「深く三宝を敬え」と仏教を古代日本の統合の理念とされたのと同じようなことです。仏教をもって、統一国家の指導理念とすることになったのです。仏塔が各地に建立され、精舎と結ばれた仏教寺院がうまれてきます。

仏陀在世のころ栄えていたラージギル（王舎城）にも精舎があるのですが、しかし精舎、僧院は決して町の中には築かれていないのです。ブッダは「都市から遠からず、近きにすぎず、往来に便にして全て教えを求むる人びとに往きやすく」（律蔵）という場所に築きなさいと言われています。近からず、遠からずという都市の郊外に精舎は築かれたのです。

ところが、仏塔が生まれ、やがてさらに、ブッダの遺骨を礼拝するだけでなく、ブッダをもっと人間的な容姿で礼拝したいという衝動がつよくなり、仏像が生まれてきます。これはガンダーラで生まれたという説とマトゥラーで生まれたという説があるわけです。こうして仏像の出現によって仏教の寺院もまた大きく変化します。仏像が生まれてくると、仏教の寺院も形を変えてくるわけです。パキスタンの首都イスラマバードの郊外にタキシラという仏教遺跡、都市遺跡があります。三つの都市遺跡のうち、第二のシルカップはヘレニスティックなギリシア風の都市計画でつくられているわけです。ガンダーラで仏教と西方の技術、芸術が結びついて仏像が生まれたという説が強いのですが、都市計画も西方のヘレニスティックなギリシア風のものが見られるわけです。ここで注目すべきは、ギリシアの都市ではアクロポリスの丘に神殿を設けていますが、それと同じような形でシルカップではアクロポリスの丘に仏塔、ストゥーパが建っています。そしてその横に僧院・精舎も置かれています。さらに、都市の中心の主要街路に面して小さい仏塔や祠堂が建っています。仏教寺院が都市の中に入ってくるのです。これがこの時期にみる仏教寺院の変化です。

仏教は、鎮護国家の寺院として大きく変容します。仏教が国家と結びついてくるという感じの遺跡がたくさんあらわれます。例えばアフガニスタン、ヒンドゥクシュの山中のバーミヤーンでは、二つの大石仏が伽藍の中心となり、注目されていますが、私はそれとともに、大仏や仏像を安置していた龕の上に大きな望楼が建っているのに注目しました。その望楼は仏像をおいた龕と繋がり、その仏龕と僧侶の僧房がトンネルで繋がっているという石窟寺院の特色を示しており、これは国家を鎮護するという仏教の役割をよく示したものだと思います。

それから仏教は中央アジアから中国、朝鮮を通じて日本にはいってきました。日本の古代においても都市をかざるために仏教の寺院が建てられます。これは唐の長安城でもそうでしたが、日本の平安京でも羅城門の背後に東寺と西寺を配置しています。「都城」を壮麗にかざるためにおかれたものです。あるいは遠く離れた比叡山に鎮護国家の道場・延暦寺を建てるというような形をとっていきます。

ところで、寺内町は、人々の生活の中に仏教を活かし、社会的な制約や制限を受けている人びとの救済をめざし、真宗の信仰を共有し、平等に弥陀の本願に帰し、たがいに同行・同朋とよびかわし、人間的に結びついた町づくりだったのです。ブッダが唱えられたような原初の仏教への回帰をめざす形で、法然や親鸞が唱えられた新しい仏教の改革を町づくりの中に実現したのが蓮如だと私は考えるわけです。そういうように見てみると、インドに始まった仏教の歴史の中においても、蓮如が果たされた役割というものはきわめて特徴的であるし、きわめて注目すべきだと思います。

町衆の町づくりと城下町

日本の都市の歴史の中で注目すべき山科寺内町は、六角定頼と法華宗徒との攻撃によって天文元年（一五三二）炎上しました。その法華宗徒たちも京都で「町の構」「ちゃうのかこい」を築き、その中心に法華の寺院を置いて、団結していました。蓮如が仏法領をめざして寺内町を築かれたように、彼ら法華宗徒は法華の理想とする釈尊御領をめざして、皆法華圏を作りました。本阿弥光悦らは光悦町を築きました。光悦町は芸術家村である前に皆法華圏であったのです。中世末の京都に展開した最後の皆法華圏といえるのです。

こうした町衆の町づくりは、堺や平野郷の町衆の町づくりにも共通してみられました。自治と自衛の町づくりが、各地に広がったのです。やがて、天下布武をめざす戦国武将は町衆の町づくりを圧倒し、武力抗争をつづけるなかで城下町を建設しました。城下町は江戸時代を通じて近世三百年・幕藩体制の基本的都市として、つよい位置を占めました。その特徴は何かというと、城下町は基本的には都市全体を防御するものではないということだと思います。環濠城塞化することなく、住民の生活を防御するという態勢をとっておりません。戦国武将は戦闘に際して、城を攻めるのに、まず城下に火をつけて焼き払う、守る方も敵に兵糧や宿所を与えないために城下を自焼きすると、江戸時代の兵法や軍学書にも記されています。それに対して寺内町は町を防衛し、自衛し、自主的に運営していこうという環濠城塞都市という性格を持っていたのです。

町の中心として機能した核についてみてみましょう。ほとんどの日本の都市の核は閉ざされています。一般に人びとはそこには入れないことになっていたのです。平安京ではその核・宮城へ誰でも入るというわけにはいかず、ごく限られた貴族・官僚に限られたのです。江戸時代になっても、城下町の中心の核・城郭にたつ天守閣に登っていけるのはごく上層の武士に限られていたのです。彦根城下町の図をみると、天守閣のたつ第一郭、重臣たちの住む内曲輪の第二郭にも一般の人びとは入ることができなかったのです。これは明治の初めまでその方針が貫かれていたわけです。つまり天守閣の立つ城郭は「閉ざされた核」であったわけです。これに対して、寺内町では門徒であれば誰でもその核・本願寺へ入ることができました。町衆は、本願寺の庭で綱引きをして楽しんだというようなことがあります。本願寺は門徒が自由にたちいることができる「開かれた核」だったのです。

また、日本の社会はタテ社会の構造だと言われていますが、そうではないもう一つの町づくり、国づくりの動きとして、ヨコに結びつける動きがあったと思います。寺内町の動きがそうであったので

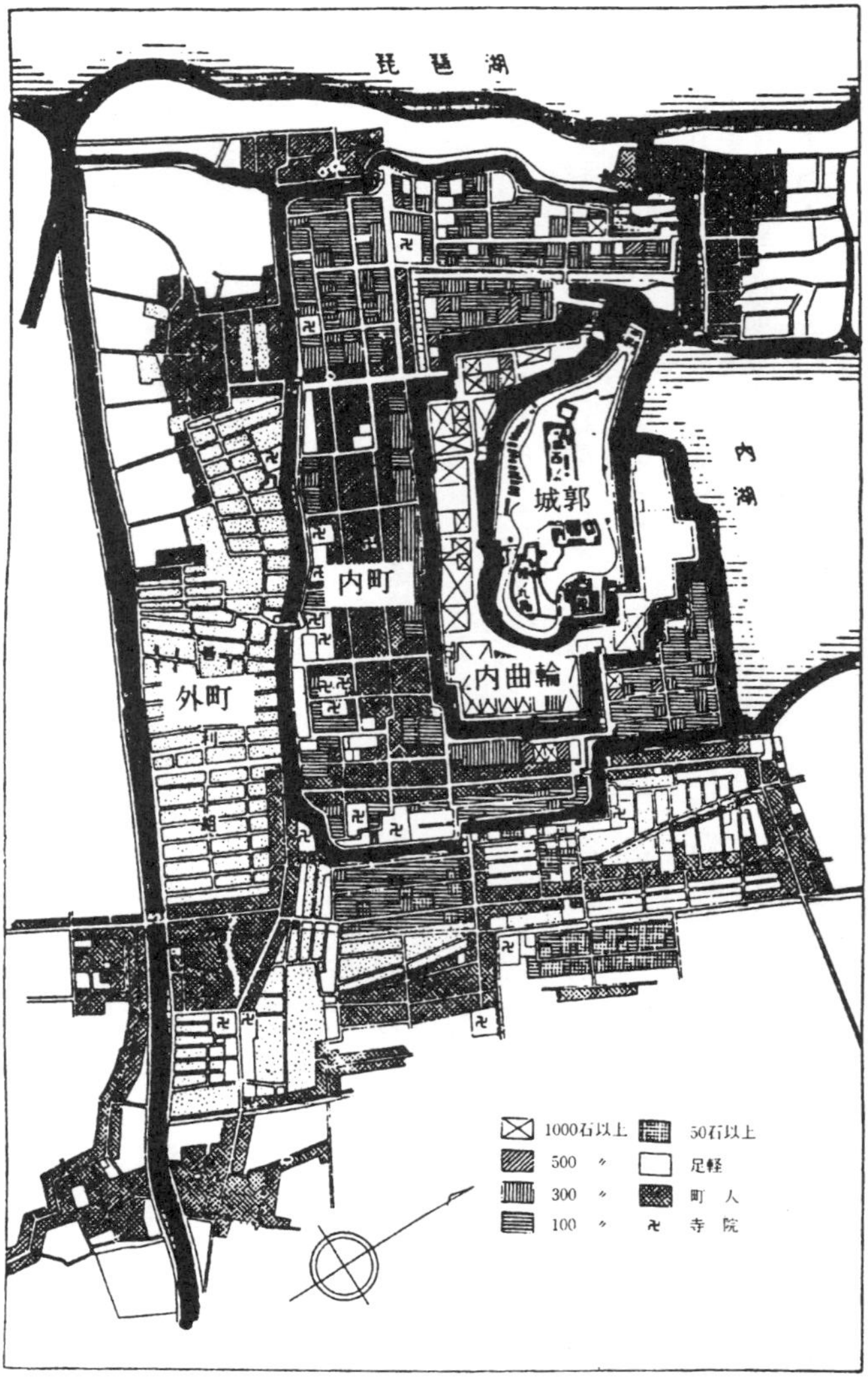

図４　城下町彦根

す。人間不信から「人質」を取り「証人」を取って参勤交代を強制したのと、本願寺を防衛し寺内町を外敵から守るために地方から番衆が集まるのとは、全く違うのだと蓮如は強調されました。地方の寺内町と中央の寺内町とが、緊密にヨコに結ばれていたのです。それから信長の軍への抵抗に対して、堺と平野郷が都市連合の動きを見せたように、たしかに一世紀ほどの限られた時代であったにせよ、この時代に都市がヨコに結びつく動きがあったことは、注目すべきだと思います。

それからもう一つは、市民、そこに住む住民が全て自分達の理想とする世界を求めて、町づくりに共感し共鳴していたことに、寺内町の特色をみることができます。戦国武将が構想した城下町は身分によって住み分けが行われ、兵農分離と商農分離によって、武士と町人は城下町に、百姓は農村にと、生活空間の分離がはかられたのです。城下町では、武士は身分によって、町人は職業別に、居住地が定められ、きびしい身分制秩序にしばられたのでした。いっぽう、仏法領を地上に実現したいとねがい寺内町を建設し、釈尊御領を地上に実現したいと皆法華圏が形づくられ、堺では、町衆たちが京都や奈良の伝統文化とは異なる新しい文化をうみだし、「彼らは僧院及び住宅を地上の天国となさんとせるなり。彼らは殆ど皆死後一切終り、霊魂もまた悦を感ずることを得べき何物も残らず、畜生の如く終了するものと信ずるが故に、力の限り好きな生活をなさんと努む」（ヤソ会士日本通信一五七一）と宣教師が報告しています。現世謳歌の積極的な姿勢に貫かれていたのです。町衆の町づくりには自分たちの住んでいる世界を理想のものにしようという強い意欲が共通して見られたのです。

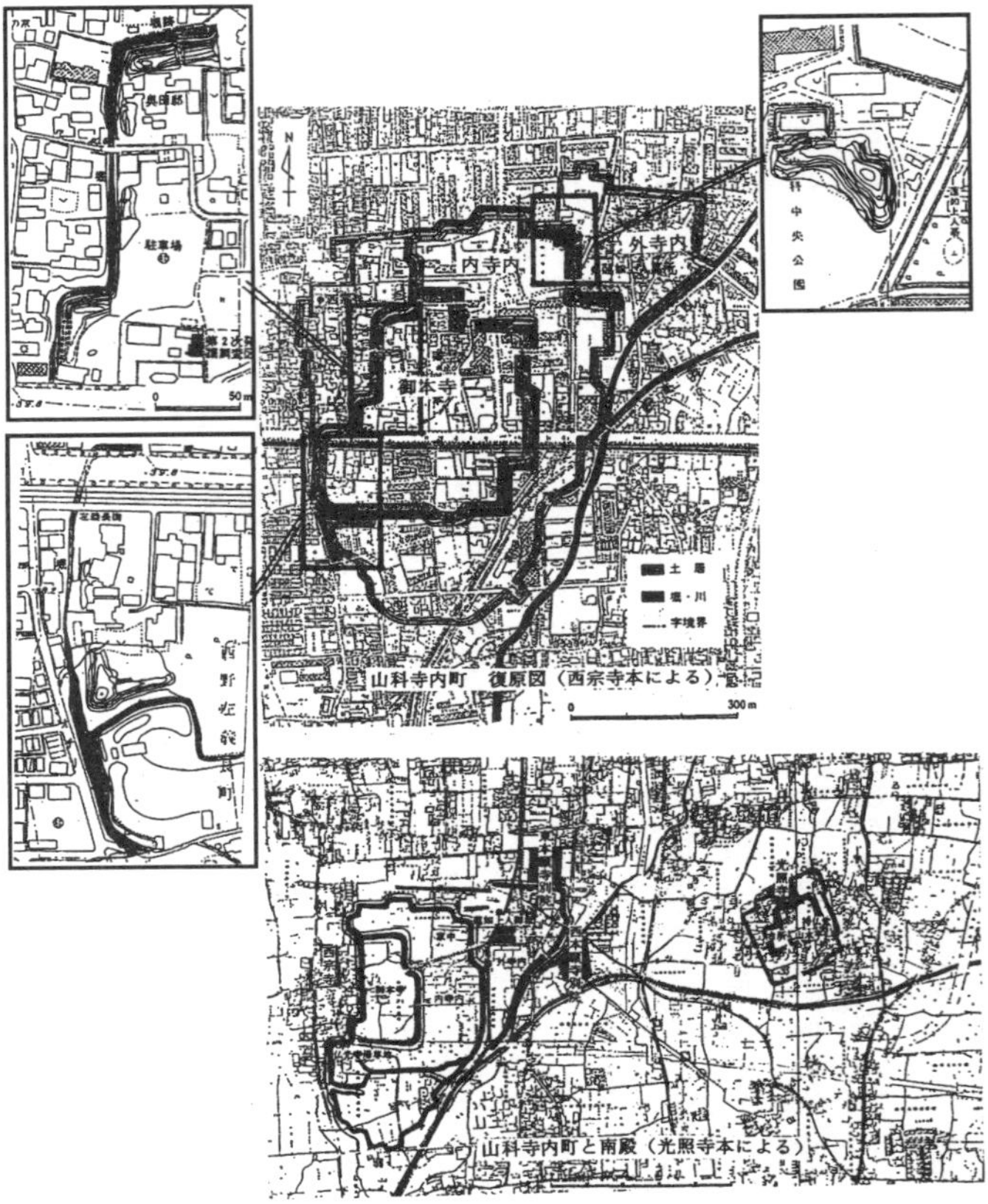

図5　山科寺内町遺跡の現状

これらが寺内町や他の町衆の町づくりに共通するところです。吉崎、山科、石山を中心とした中央寺内町と各地に建設された地方寺内町とが日本の都市史に独自な位置を占めたことは、期間は短かったけれどもきわめて注目すべきだと思います。現在、人間不信におちいり、都市に緊密な連帯感が薄くなっている時代において、蓮如によってつちかわれた寺内町という町づくりの実験を、もう一度見直してみるべきであると思います。

最後に、山科寺内町の保存について訴えたいと思います。現在、中世の町衆の町づくりの都市遺跡としてその形を残しているのは、山科以外にないといってもいいくらいです。戦国武将の作った町づくりは、一乗谷で調査されていますし、山城の場合はこれから調査すればかなりその形が解明され保存されていくと思います。しかしながら、寺内町は平地に作られている場合が多く、寺内町としての命脈を絶たれて、町の形を都市遺跡として残しているものは少ないのです。堺も自由都市の伝統を持った都市ですが、都市遺跡として自由都市堺を追想するような遺構はほとんどないのです。ところが、さいわい山科ではかなり明瞭に土居も堀も残っています。これは日本の中世都市、町衆の町づくりの都市遺跡として非常に貴重だと思います。蓮如上人五百回忌を記念して、この山科寺内町の保存を積極的にすすめ、行政的に史跡に指定するような方向で保存策を講じてほしいとねがうのです。山科の市民の皆さんにも、山科寺内町の歴史的な意味についてかんがえ、それを参考にしていただくよう、ぜひお願いしたいと思います。

今残る寺内町のお土居を史跡として誇るべきものとし、現在すでに保存されている蓮如上人の墓廟や寺内町の北東の土居と濠を保存した山科中央公園とあわせて保存し、平常時には史跡公園として市民の憩いの場とし、緊急時には避難の場として活用したいとねがうのです。現在の都市を考える上でも重要なことだと思います。山科寺内町史跡公園の実現をめざし、多くの人が協力し、推進していただきたいと願っています。

＊『大谷学報』第七十八巻　一九九九年十一月

五、ガンダーラ・バーミヤーンへの想い

滋賀県立大学公開講座「県立大学で人間学を学ぶ」

ガンダーラ—東西文化の交流—

私がガンダーラに関わりましたのは一九六〇年からで、その頃はガンダーラといっても知る人は少なかったのです。ところが、そのご、ガンダーラの文化に関心はつよくなりました。ゴダイゴというグループが「ガンダーラ」というフォークソングをうたい、なじみ深いことばともなったようです。ガンダーラに行きましたのは、一九六〇年、京大イラン・アフガニスタン・パキスタン学術調査隊に参加したのが最初です。当時、七月初めから日本をたち、七~九月の暑い時期を高燥の地アフガニスタンで調査し、九月終りから秋十~十二月末までパキスタンで調査することにしていました。

狭義の意味でのガンダーラの位置は、現在のパキスタン、北西辺境州（North-West Frontier Province）にあたり、玄奘三蔵が健駄邏国とよんでいます。しかし、一般にガンダーラとよぶ場合には、カイバル峠をこえて西方アフガニスタン、東北のカシュミール、北西辺境州の東に接するパンジ

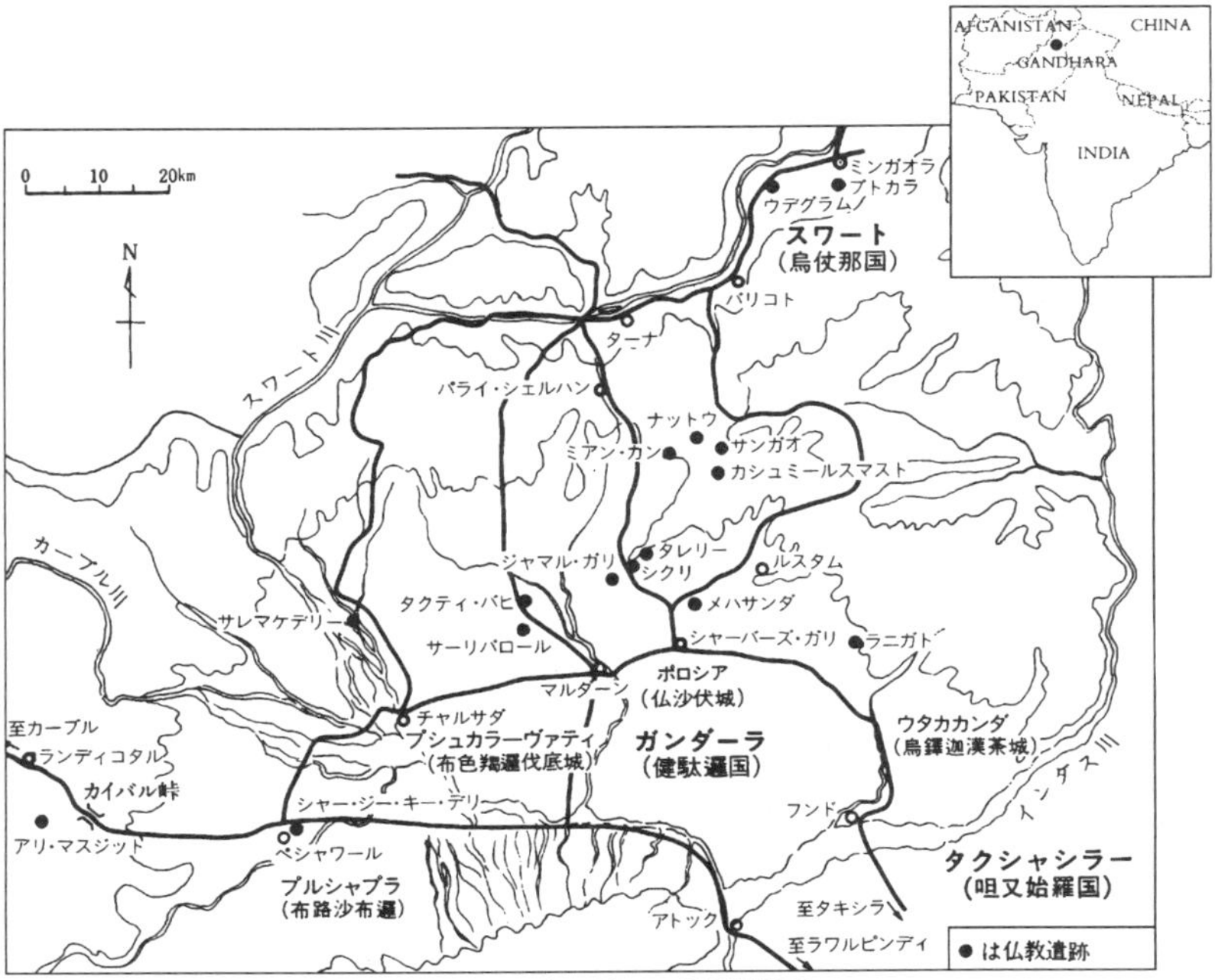

図１　ガンダーラ遺跡地図

ャブ州の北、タキシラまでも、ガンダーラとよびます。ガンダーラはインド亜大陸の北西に位置し、カイバル峠をこえて西方の文化がはいってくるインド亜大陸の西にひらけた北西の門戸という役割をはたしていたのです。

文化的にどういう役割をはたしたかについて話したいと思います。まず、インダス文明についてみてみます。紀元前三千年紀（二五〇〇～一五〇〇ＢＣ）にインダス河畔に大きい都市文明がひらけたのです。その中心になるのが、モヘンジョダロとハラッパー遺跡です。現在、塩害による遺跡の破壊が危ぶまれています。このインダス文明圏は、エジプト、メソポタミア、やや時代はさがる黄河流域の都市文明とならぶ人類のうみだした古代都市文明の一つだったのです。最近、長江周辺にも都市文明があったという説もあります。紀元前三千年紀の都市文明はその地域が限られているのです。インダス文明圏の範囲を図2で示しておきました。ハラッパー、モヘンジョダロを中心にしてインダス河の流域にひろがり、東のインド洋に面したロータル、西のペルシア湾に面したストカーゲンドルにまで、かなり広いひろがりをみせています。これは他の都市文明に比べても、きわめて注目すべき特徴といわれています。

ところで、この図2のなかに、ガンダーラの位置を示しましたが、紀元前三～二千年紀のガンダーラはインダス文明圏の外にあるわけです。つづいて、図3をみていただくと、これは前五世紀のなかごろからひらけてくる古代都市の国ですが、ペルシア帝国—アケメネス王朝がペルセポリスを首都と

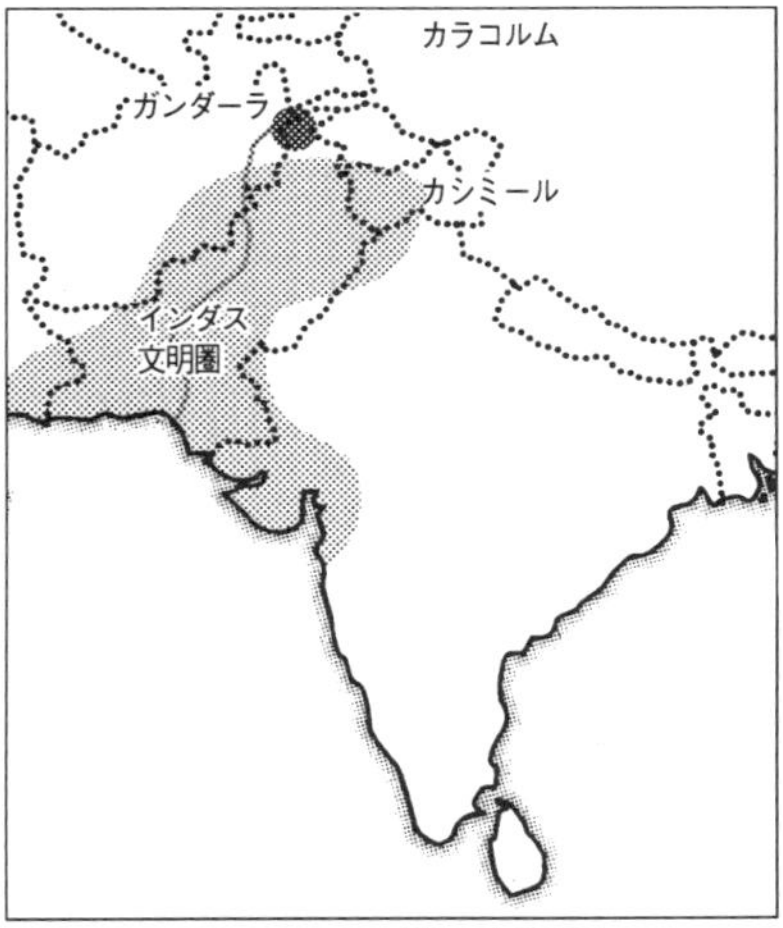

図 2　インダス文明圏

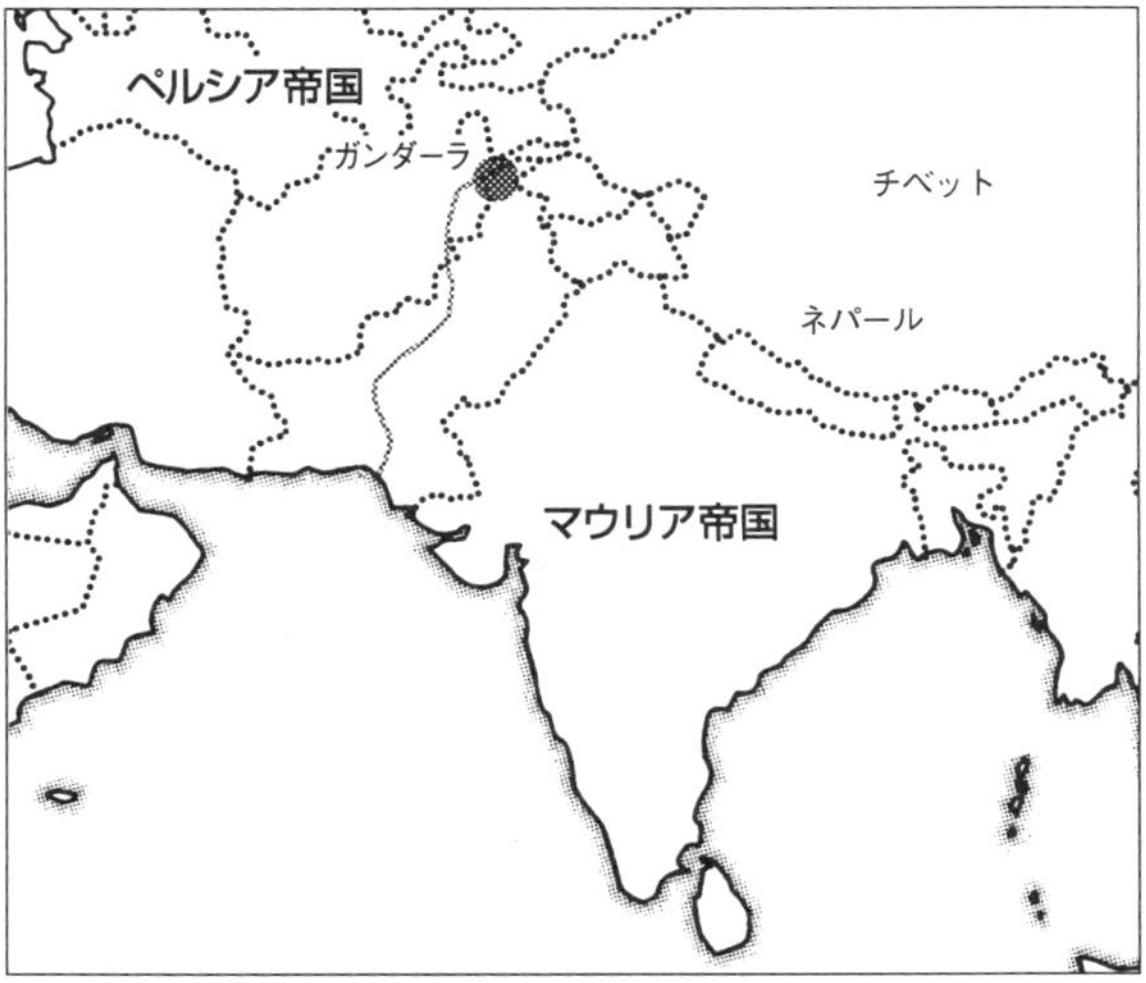

図 3　古代都市とガンダーラ

して、西はエジプトから東はインドに達する広い帝国を組織しますが、人類史上、最初の広大な帝国の実現といわれています。このとき、ガンダーラはペルシア帝国の辺境の地として、とりこまれて位置づけられています。ペルシア帝国の属領として、ペルシア文化のつよい影響をうけたのです。つづいて西のギリシア世界から、マケドニアのアレクサンドロス大王が東征し、ペルセポリスを炎上させ、さらに東にインダス河に達する遠征をすすめたのです。結局、インド本土にははいらず、インダス河を南へ下り、メソポタミアのバビロンでアレクサンドロス大王は客死します。この西側の衝撃をうけて、インドにも帝国が成立します。マウリア帝国の出現です。現在の中インドのパトナ、ここがマウリア帝国の首都パータリプトラのあった位置です。このパータリプトラを中心に大きい帝国を組織したのです。このとき、ガンダーラはマウリア帝国の西の辺境の州に位置づけられたのです。

ガンダーラはインダス文明圏にあっては、その外側に位置づけられ、ペルシア帝国やマウリア帝国にあってはそれぞれの辺境の地として属していたのです。やがて、この地で東・西の文化が交流するなかで、独自の文化を築いた、それがガンダーラ文化なのです。文化史的にみて、インダス文明圏ではその圏外に、ペルシア帝国では極東の地、マウリア帝国では極西の地に位置づけられ属していたのです。そのガンダーラの地が紀元前後から文化史的に注目すべき動きを示すのです。どう変化があらわれたか、その変化をかんがえる一つのものさしになるのが仏教文化だと思います。

仏教文化はマウリア帝国が成立する少し前、前六〜七世紀ころ、仏陀によって創唱された宗教です。

ガンジス河の流域、ボドガヤの辺りで、仏陀がとなえられたのが仏教です。ガンジス河のほとりでうまれてきた都市の動きや商業の活動と密接な関係があるといわれています。当時のインドには、現在のインド社会をつよく規定しているカースト制・身分制度がみられました。仏教はこのカースト制度を否定する宗教でした。仏陀は〝生きとし生けるものはすべて平等である〟という高邁な思想を唱えられたのです。人はうまれた土地とか家柄によって、分けられるべきでないという考え方です。仏陀のまわりには、さまざまの階層の人びとが各地から集まってきました。その高邁な思想にひかれて集まってきたのです。やがて、仏陀をしたって集まってくる人びとのなかに、二つの大きい集団があらわれました。現世の生活をはなれ、脱俗して出家した僧侶、男を比丘、女を比丘尼とよばれた僧侶の集団、もう一つは出家しないで在俗のまま、日常の生活をつづけ仏陀に帰依する信者の集団です。僧侶たちは家庭をすて、生業《なりわい》からもはなれ、在俗の信者からの喜捨、布施にたよって生き、時をえらばず野や山を歩き、仮の庵を結んで修行の生活をつづけたのです。ところが、インドには雨期があります。六〜八月にかけ、雨が降り、曇り空の日がつづくのです。この雨期もいとわず出家の僧侶たちは、野をはしり山を歩いて修行をつづけたのです。ところが、仏教以外の教団のなかから、草、木が芽をふき、鳥や獣が巣ごもるこの雨期に歩きまわることを非難する動きがあらわれました。そこで安居《あんご》という習慣が仏教の教団にあらわれます。雨期には野や山に出かけず、一定の場所にとどまり、仏陀や先輩から説法をきき修行をつづけ、次の行動にそなえて衣をつくろうなどしました。仏教教団の僧侶たちは雨安居の生活にはいることになりました。雨安居がはじまると、在俗の信者たちは僧侶たちが集まっているところにきて、衣食を提供し説法をきくようになりました。この雨安居の制は出家遊行者の集団であった仏教の教団に、一定の場所に定着させる傾向をうみだしました。僧侶のなかには、雨期が終っても、その場をはなれず、定住しつづける僧侶もあらわれたのです。やがて僧侶たちは会合し法論をかわし、瞑想して修行の生活をつづけるために一定の地域に結界を設け、小屋を築き、信者たちは僧侶のために自らの園林に僧院を建てて寄進するようになりました。精舎《しょうじゃ》（ヴィハーラ）が成立したのです。祇園《ぎおん》精舎はよく知られています。シュラーヴァスティーの郊外に商人のスダッタが築いたものです。こうして「都市から遠からず、近きにすぎず、往来に便にして、すべて教えを求める人びとの往きやすい」（律蔵）ところに、僧院―精舎（ヴィハーラ）が築かれるようになったのです。仏教寺院建築の起点です。

やがて、もう一つの変化が仏教の教団にあらわれ、仏教寺院の建築も変化します。それは、仏陀の死です。もともと、信者たちは仏陀に直接ふれ、教えをうけ、救いをえていたのに、仏陀の死はその機会を失なわせてしまったのです。僧侶たちは仏陀の死にかかわりなく、仏陀の教えを思いおこし、修行の生活をつづけました。信者たちは仏陀に直接ふれたいというつよい願望をもちます。そのなかで、仏陀の遺骨を崇拝する動きがあらわれてきます。仏陀の遺骨を八分して塔をたてる八分起塔です。こうして仏塔、インドではストゥーパとよばれる仏塔が誕生しました。

これとならんで出てくるのが仏陀にまつわる聖跡巡礼の習慣です。仏陀がうまれられたルンビニー、悟りをひらかれたボドガヤ、初めて説法をされたサルナート、仏陀がなくなられたクシナガラなど仏陀にまつわる土地を聖地として巡礼する動きがあらわれたのです。

こうした動きを的確にとりいれたのがマウリア帝国です。マウリア帝国の形成に、大きな影響をあたえ、インド亜大陸にはげしい衝撃をあたえたペルシア帝国、マケドニアのアレクサンドロス大王の帝国にも共通した傾向がみられます。それは、古代文明の都市とはちがって、広域にわたる領土をもつ帝国は、異なった文化、言語をもち、異なる祖先神をもつ多民族から成りたった国家です。多様な民族の統合をはかるために、世界性をもつ普遍的宗教が必要となってきたのです。マウリア帝国のアショーカ王は仏教を国家的統合の指導理念としてとりあげました。アショーカ王は仏教による法の精神によって「マウリアの平和」（パックス・マウリアナ）を保障しようとしたのです。全国土にわたり国境をこえてひろく法を顕現しようとして、仏塔や仏陀の教えをきざんだ王の柱を各地に建立し、統一国家の王の権威を象徴しようとしました。『阿育王《アショーカ》伝』によれば、アショーカ王は深く仏教に帰依し、広く仏塔を建立しようとし、仏陀の遺骨を八分した仏塔のうち、七つの塔から仏舎利（仏陀の遺骨）をとりだし、多数の舎利容器を用意し、各地に多数の仏塔・八万四千塔を建立したといわれています。インドにもガンダーラにも、中央アジア、中国、朝鮮にもアショーカ王の事業による仏塔、阿育王塔がみられます。日本でも、近江にもアショーカ王ゆかりの仏塔が蒲生野の石塔寺にみられます。アショーカ王は領内の各地、交通の要地に仏教の精神をひろめるために磨崖や石柱に法勅をきざんで建立しました。このアショーカ王柱は一本石《モノリス》の円柱で、その様式はペルシアのペルセポリスの宮殿の柱を記念物の柱としたもので、古代における文化交流をかたるものとして注目されます。

こうして、仏塔崇拝、仏跡巡礼の動きはいっそうたかまり、仏塔はしだいに教団のなかでもつよい位置を占めるようになりました。僧侶のなかにも、仏塔を崇拝する動きがあらわれ、仏教寺院では僧院とならんで、仏塔が礼拝の対象として位置づけられることになったのです。仏塔と僧院がならぶ仏教寺院が形づくられました。次に、仏教寺院に大きい変化がみられるのは、仏像の出現です。もともと、仏教教団には仏陀を人間的な容姿で示し仏像を表現する習慣はなく、仏陀は菩提樹、法輪、仏足跡や空席の椅子などで、象徴的に示されてきたのです。インドの初期の仏塔として知られるサーンチーの仏塔でも、仏塔の塔門には仏陀が象徴的に刻まれています。ところが、西方の世界である、ギリシア、ローマでは神や王、人物を彫刻にきざみ、ペルシアでは磨崖、きわだった崖面に巨大な王の像をきざむ動きが活発になっていたのです。前二世紀、中央アジアで遊牧生活をつづけてきた月氏民族が西へ移動し、オクサス川の流域に進出し、ギリシアの植民地バクトリアを滅ぼし、この月氏の一族、クシャーン族がクシャーン帝国を形づくりました。この地域にはアレクサンドロス大王はペルシア帝国を圧倒する形で東征し、東のインダス河におよぶ地域にまで各地に植民都市アレクサンドリアを建設し、ヘレニズム文化を普及させていました。このクシャーン帝国のもとで、アショーカ王に比べられるカニシュカ王が大きい役割を仏教寺院にもたらしたのです。カニシュカ王はガンダーラのプルシャプラ（今のペシャワール）に冬の都をおき、アフガニスタンのカピシ（今のカピシ・ベグラム）に夏の都をおき、ガンダーラを中心に東はインドの中原マガタ地方から西はカスピ海にわたる広域を領有し、シルクロードをおさえる形で活発な対外活動と交易によって富を集中させ、繁栄をほこったのです。仏像はこうした環境のもとで出現しました。仏像がいつ、どこで出現したかは美術史上の重要な課題です。フランスの美術史家A・フーシェはガンダーラで、「ギリシア人を父とし、仏教徒を母とする工人の手」になるギリシア風仏教美術をとなえました。このガンダーラ説にたいしてマトゥラー（デリーの東南約一四〇キロ）でインドの造形美術の伝統のなかで仏像がうまれたとするマトゥラー説がクマーラスワミーらインドの美術史家たちによってとなえられました。ところで、タキシラ博物館にはガンダーラ遺物にまざってマトゥラーの遺物がみられ、マトゥラー博物館でも少なからぬガンダーラ仏をみることができます。このことからも、ガンダーラやマトゥラーで栄えた仏教美術は孤立したものではなく、たがいに交流し、バクトリアに起源をもつクシャーン帝国の芸術的複合体の一部であるとかんがえた方がよいのではないかと私はかんがえています。

仏像の出現は信者たちの仏陀をもっと人間的容姿をもったものとして崇拝したいという要望があらわれたのにちがいないでしょう。仏像が出現すると、仏塔をかざる形で仏像がおかれ、仏塔の胴部に仏龕がおかれ、仏像が安置される形となります。やがて、仏塔をかこんで祠堂がたてられ、そこに仏像がおかれることになりました。六〇年代に私たちが調査したメハサンダ遺跡がその典型です。さらに、仏塔とならんで仏像をまつる祠堂がおかれることになります。仏塔とならんで、仏像をまつる祠堂がたち、ともに礼拝の対象となったのです。私たちが八〇年代に調査したラニガト遺跡の西南塔と祠堂が、これを明瞭に示しています。仏塔と仏像がならび、塔と金堂がならぶ日本の古代仏教寺院の伽藍配置の原型をここにみることができます。さらに、アフガニスタンで大きな変化があらわれます。バーミヤン石窟寺院では、磨崖にきずかれた東・西の二大石仏が伽藍の中心の位置を占め、仏塔はあってても規模は小さくよわい。バーミヤンでは仏塔にかわって仏像が礼拝の中心となったのです。仏教寺院の構成も大きく変化したのです。

もう一つ、ガンダーラには東西文化の交流を示す注目すべき動きがみられます。それは都市の形です。タキシラの都市遺跡についてみてみたいと思います。タキシラはパキスタンの古代以来の都市です。タキシラは現在のパキスタンの首都イスラマバードの北、車で約一時間のところにある都市で、今もパンジャーブ州北部一帯の中心都市です。タキシラには三つの都市遺跡があり近郊にたくさんの仏教寺院の遺跡が点在し、かつての文化的中心であったことを示しています。タキシラの遺跡の調査は一九一三年以降、イギリスのJ・マーシャルがインド考古局長官としてすすめ、パキスタン独立ののちも、断続的に調査がすすめられています。

タキシラは古くからインドと西方を結ぶ交通の要衝であり、学術文化の中心としてもつよい位置を占めていました。タキシラにはビル丘、シルカップ、シルスフという三つの都市遺跡があります。

第一都市・ビル丘　三都市遺跡のなかでもっとも古く、やや不整形な土塁の市壁でかこまれ、調査の結果、湾曲したせまい道に面して住居や商店がならび、町のところどころに小さい広場がおかれ、街路の隅には車よけの小さい石柱がおかれ、各住居には下水処理の排水用井戸（ソーク・ピット）がおかれていたといわれています。都市生活は発達していましたが、都市につよい計画性はみられません。前五世紀から前二世紀ころまでの都市とみられます。

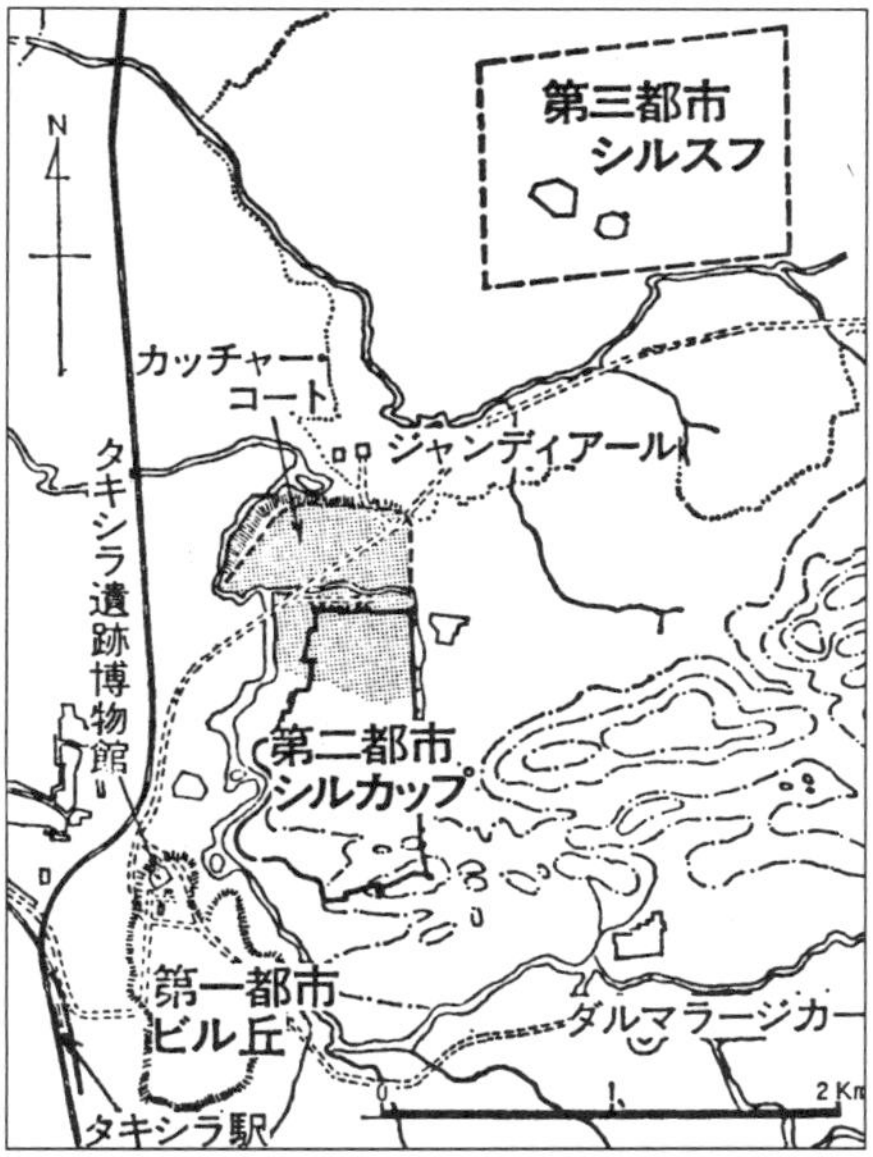

図４　タキシラの三都市遺跡

第二都市・シルカップ　東と北の城壁がそれぞれ南北、東西にまっすぐにはしり、南と西の城壁は北の丘と西を流れる川沿いに城壁がはしる城壁都市の形を示しています。南の丘の山腹に仏塔（クナーラ塔）と僧院がならび、北の平地には、南北にはしる主要街路を軸として小路が直交しておかれ、王宮の跡、住居、店舗が碁盤状の町割りにそうてならび、主要街路のなかほどに「双頭の鷲塔」とよばれる仏塔や矩形の平面に後部が半円形の祠堂院もみられます。仏教の寺院が都市のなかに深くはいりこんでいたことがわかります。都市と仏教寺院の関係の変化を明瞭にものがたっているのです。

第三都市・シルスフ　シルカップ遺跡の東北に東西約一キロ、南北約一・四キロの不整形な矩形の都市遺跡がひろがります。周囲に高い城壁がめぐらされ、城壁には半円形の突出した稜堡が二・七メートルごとにおかれています。この中央アジア風の城市を示すという遺跡は城壁の東南の一部で発掘調査がすすめられただけで、その構成は未だ明確にされていません。

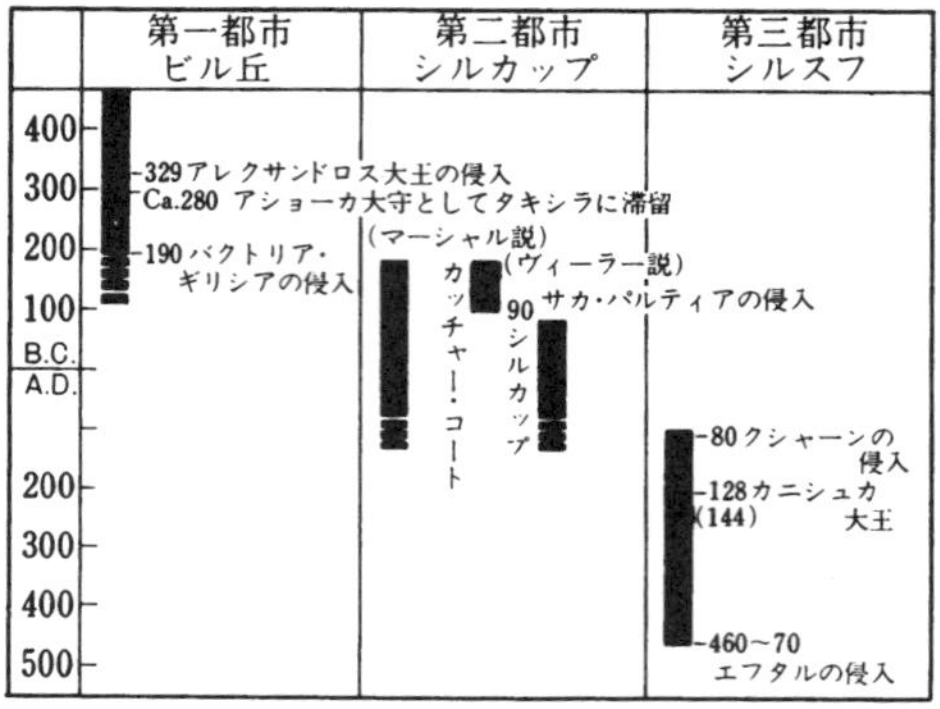

表1　タキシラ三都年表

タキシラの三都を示す年表は、タキシラの都市の展開をよく示しています。第一都市ビル丘はペルシア帝国の属領となり、アレクサンドロス大王の攻撃をうけた都市で、アショーカ王が太子の時代に副王として駐在したともいわれ、西方からの影響をもろにうける以前のインド亜大陸に固有な都市だといえます。かなり進んだ汚物処理の装置が各住居にみられますが、都市は計画的に構成されてはいません。第二都市シルカップにはその考古学編年に、その生活層と都市構成からJ・マーシャルとR・E・ウィーラーの説があります。マーシャルはバクトリア・ギリシアの層に注目しましたが、サカ・パルティア層の実態の解明に努め、ガンダーラ美術の解明に成果をあげました。いっぽう、R・E・ウィーラーは一九四四～四五年の試掘調査の成果にふまえ、バクトリア・ギリシア人によるタキシラはシルカップの北にのこるカッチャー・コードの土塁から南にひろがり、シルカップはサカ・パルティアによって建設されたという説をとなえたのです。このように、バクトリア・ギリシア人、サカ族によってシルカップは建設され、西方のヘレニスティックな碁盤上の道路の構成、アクロポリスの丘にギリシア風神殿にかわって仏教寺院をおくというきわめて注目すべき構成を示しているのです。第三都市シルスフは未調査ですが、クシャーン族による中央アジアの都城の構成を示すものとみられます。

こうしてタキシラでは土着の都市に接して、新しい文化をもたらした勢力がその独自な伝統による都市を構築し、旧都市と新都市は併存しながら、やがてその中心は新都市へと遷移し、そこに新しい文化が定着することをくり返していたようです。都市をめぐる文化の導入の形を示すものとして注目されます。

たしかに、ガンダーラの地で、仏像がうまれ、仏塔とならぶつよい位置をしめ、仏教寺院の構成も大きく変化し都市の形も大きく変化しました。ガンダーラでうまれた仏像はシルクロードを通じて東へ大きい展開をとげることになります。私たちは、その痕跡を中央アジアの仏教寺院の遺跡、西安、竜門、雲岡の石窟寺院、韓国の慶州の仏教寺院にみることができます。

私は六〇年代にはじめてガンダーラの調査にでかけた時、島国の日本に比べて、ガンダーラは大陸にひらけ、東西文化が交流し、激突し、融合する地として注目しました。そして、今、ガンダーラでうまれた独自の文化が東へ大きい影響を及ぼし、極東の日本にまで深い影響をもたらしていることにも注目しなければなりません。同時に、これからガンダーラでうまれた文化が西方へどれ位、影響をあたえたかについても調査し、その過程を明らかにしなければと思っています。

ところで、今、日本はつよく国際化をせまられています。鎖国は許されず、開国して国際社会のなかに生きるしか、日本のすすむ道はないようです。たしかに、日本はその歴史のなかで極東の島国として、近代以前、大陸の唐《から》、天竺、中国やインドから文物をとりいれ、近代になると西洋の文化を導入し、戦後はアメリカから学び、日本の独自の伝統の上に独自な精緻な文化をうみだすことに知恵をだし、努力をつづけてきました。日本は海外の発達した文化をとりいれ、発展させるという受信の能力を発揮してきました。今、日本は受信するだけでなく、国際社会にいかに貢献し、発信していくかがつよく問われているのです。この時、私たちはガンダーラが独自な文化を構築し、各地に発信してきた歴史的経験に多くの教訓を学びとらなければならないと思います。

六〇年代、八〇年代のガンダーラでの調査で私たちは多くのことを考えさせられました。六〇年代の調査ではたくさんの仏頭をふくむ仏像が出土し、その処理に毎日、宿舎で追われる日がつづきました。ところが、八〇年代になると、仏頭はまったく出土せず、胴部しかみられず、やがてその胴部さ

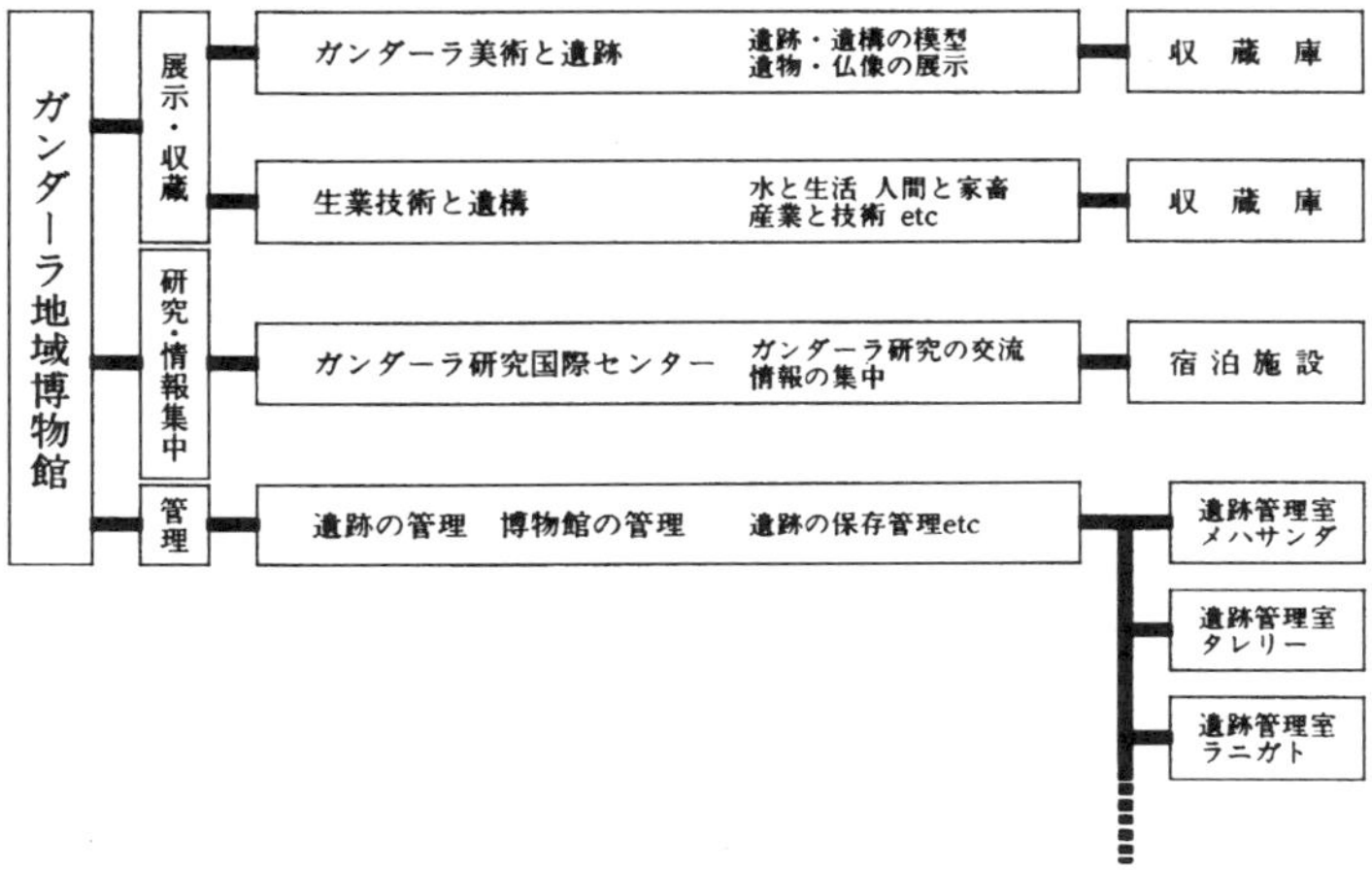

図5 ガンダーラ博物館地域構想

えみられなくなり、私たちの調査はこの乱掘の跡始末のような趣きとなっていました。ガンダーラ文化を、西方の人びとには彼らの文化の源流であるギリシア・ローマ文化がどこまで影響をもたらしているか、私たち東方からはその仏教文化の源流を求めそしてインドの人びとは彼らの仏教がどのように展開したかに、それぞれの多様な関心をもっているのですが、それがマイナスに作用して、乱掘をひきおこしているように思いました。いま、ガンダーラの地に住む村人を乱掘においやっている現実を注視しなくてはなりません。そこで提案したのがガンダーラ博物館構想です。

産業の発展とともに、石炭産業都市が興廃していく現実を私たちはみてきました。限界のある化石燃料の石油産業都市もやがて同じ運命をたどることになるでしょう。しかし、歴史的文化遺産にたいする人類の関心は無限で不滅です。したがって、歴史的文化遺産を核とする都市・地域を博物館都市・地域に想定しようとしたわけです。文化遺産、遺跡を保存し、共存し共生していく生活空間をうみだし、保存と生活の共存をかんがえようというものです。ガンダーラという言葉さえ専門家をのぞき、今現地では、一般に死語となりつつありますが、このガンダーラを真に現在に再生させ、その技術をよみがえらせ、うけつぎ、これからの町づくり、村づくりに積極的にいかしていこうという構想で、東西の人びと、専門家が交流しながら、これからの新しい観光をめざすものです。

＊滋賀県立大学公開講座　一九九六年

バーミヤーン大仏の破壊

二〇〇一年三月、狂信的なタリバンによるバーミヤーン大仏の破壊は、私たちに大きな衝撃を与えた。さらに九月、ニューヨークの世界貿易センタービルのテロ攻撃による倒壊は、その報復としてアフガニスタンへの空爆を引き起こし、アフガニスタンの文化遺産はさらに厳しい状況におかれることになった。じっさい、一九七九年のソ連軍の侵攻以来、中央アジアの平和な国とみられてきたアフガニスタンが、一転して戦乱の地となり、住民の生活をさいなみ、難民を生み出し、戦闘と混乱は文化遺産を傷つけ破壊してきた。この状況が二〇〇一年にはいっそう悪化し、アフガニスタンの文化遺産は重大な危機にさらされることになった。二〇〇一年は、バーミヤーンそしてアフガニスタンにとってかつてない受難の年であり、この苦境を脱するための模索が始められた年でもあった。

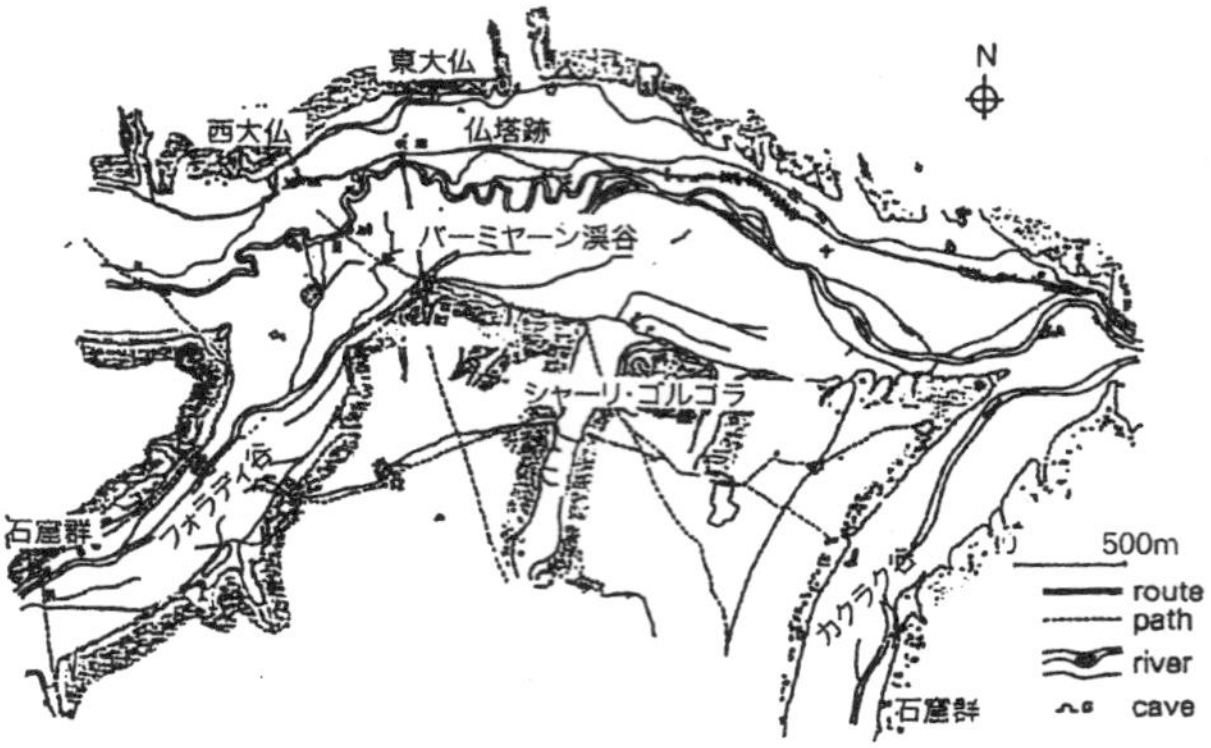

図1　バーミヤーン渓谷（ムニエ氏の図より）

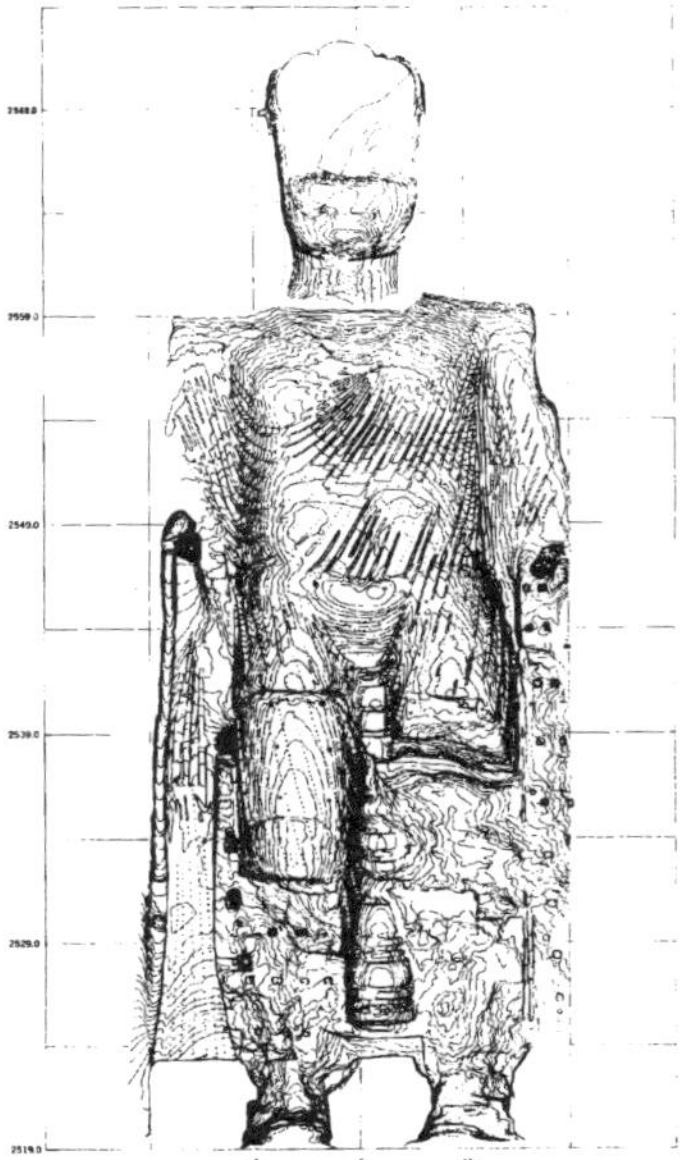

図2　バーミヤーン西大仏の測図
（京都大学調査報告書『バーミヤーン』による）

図3　バーミヤーン東大仏の測図
（京都大学調査報告書『バーミヤーン』による）

図4　バーミヤーン西大仏

バーミヤーンの文化遺跡

バーミヤーンはアフガニスタンのほぼ中央を東西に延びるヒンドゥ・クシュの山中の渓谷で、南をコー・イ・ババ、北をサフェド・コーの山なみで囲まれ、中央アジアの東西と南北を結ぶ古代の交通路シルクロードにひらけた隊商都市であった。七世紀、この地を訪れた中国の求道僧玄奘は、「人は山や谷を利用し、その地勢のままに住居している。国の大都城は崖により谷にまたがっている」（大唐西域記）と記し、「王城の東北のくまにたつ高さ百四、五十尺の仏の立像、その東にたつ高さ百余尺の釈迦仏の立像」（同上）についても述べ、「城の東二〜三里の伽藍の中には長さ千余尺の仏の入涅槃の臥像があった」（同上）と当時のバーミヤーン渓谷の仏教寺院の様相を伝えている。

玄奘が記したように、バーミヤーン渓谷の仏教寺院は、東大仏（高さ三十八メートル）、西大仏（高さ五十五メートル）の二大石仏を中心に、大きい坐仏をもつ龕《がん》や、正方形、八角形、円形の平面をもち、壁面に尊像をまつる龕をもつ祠堂群が信者たちの礼拝の場となり、僧たちが修行する講堂窟や、起居する小さい僧房窟群などが、当時地上にたっていた建造物の構造をうつしだす形でうがたれている。

当時の文化環境をみると、東方ではガンダーラをはじめインド本土でも仏教寺院の礼拝の対象としで仏塔と仏像をまつる祠堂が併置されていた。アフガニスタンでも、東南のナガラハーラのフィル・

ハーナ石窟、北のハイバク石窟でも仏塔とならんで尊像をまつる祠堂窟がつよい位置を占めていた。いっぽう、西方には巨像製作の習慣をもつヘレニズム世界の伝統があり、古代インドの建築や美術の造形につよい影響をもたらしたペルシアでは三世紀にササン朝が出現し、磨崖に巨像をきざむ伝統を復活させていた。これら東西の文化が影響して、バーミヤーンの磨崖に二大石仏を出現させ、仏教寺院における礼拝の中心になったのだ。

もっとも、バーミヤーン渓谷の仏教寺院で仏塔礼拝の習慣がなくなったわけではない。東大仏の南には仏塔跡とみられる小高い丘があり、フォラディ谷の祠堂窟などには、何層にも重なる基壇の上に円胴をおき、半球状の伏鉢をのせ、さらに方形の平頭、その頂に多重の傘蓋が高くのび、その先端から幡がひるがえる仏塔が描かれ、仏塔崇拝がおとろえてはいなかったことを示していた。

バーミヤーンの調査

アフガニスタンにおける考古学調査は、十九世紀のイギリス人による踏査で始められた。しかし本格的な調査は、第一次世界大戦後の一九二二年、フランスのＤＡＦＡ（フランス・アフガニスタン考古学調査団）によって進められた。やがて第二次世界大戦後、フランス隊の契約期限がきれると、イタリア隊をはじめ欧米、日本も積極的に参加することになった。

バーミヤーンの調査は、一九二二年、ＤＡＦＡのＡ・フーシェらがバーミヤーンを訪れ、概括的な調査を行い、バーミヤーン遺跡の重要性が明らかにされた。その後、ゴダール夫妻やＪ・アッカンが訪れて報告書をまとめ、一九三〇年には、Ｊ・アッカンを中心に二回目の調査を行い、『考古学的研究』を刊行した。この二度にわたる調査報告によって遺跡の全容が明らかにされた。

日本では、西洋美術史の吉川逸治教授が、一九三九年アッカン一行とともにバーミヤーンを訪れ、独自の見解を示した。アメリカのＢ・ローランドは一九三六年バーミヤーンの大仏や壁画について調査し、写真撮影や壁画の顔料について分析し、東大仏の壁画についてもアッカンとは異なる見解を発表した。一九五九年、中国で竜門、雲岡の仏教石窟の調査を続けてきた水野清一教授が、京都大学で調査隊を組織し、仏教文化の源流を探り、東西文化の交流の跡を求めてガンダーラ、アフガニスタンで調査を始め、ハイバク石窟、フィル・ハーナ石窟などナガラハーラの仏教遺跡の調査を続けた。名古屋大学は一九六九年、バーミヤーンの調査を進め、Ｎ窟の壁画の発見など成果をあげた。一九七五年には成城大学の高田修教授らが美術史的調査を始めた。七十年代には、インドの調査団が二大石仏の修復保存の作業を進めた。

一九七〇年、京都大学の調査隊を改組した樋口隆康教授はアフガニスタンに調査を限定し、スカンダル・テペの発掘調査と併行し、バーミヤーン石窟全体の調査を進めることにした。石窟のすべてに番号をつけ、各石窟の写真撮影や磨崖石窟全体と二大石仏の写真測量を行い、バーミヤーン石窟研究の基礎資料にしようとした。あわせて、バーミヤーンのカクラクとフォラディ谷の石窟の実測調査も進めた。一九三〇年にJ・アッカンらが調査したカクラク谷の第四三窟では、ドーム天井の壁画がフランス隊に剥ぎとられ、カーブル博物館とパリのギメ国立東洋美術博物館へ運び出されていた。実測にあたった私たちは、文化遺産はそれが生み出された風土のもとで保存されるべきだと考え、「こんなことをしたら、アカンで」と語りあったのだった。しかし、現実はきわめて皮肉である。今回の戦乱のなかで、バーミヤーン渓谷の多数の壁画が破壊されるなか、ギメ国立東洋美術博物館はもちろん、カーブル博物館に保管された第四三窟のドーム天井の壁画が無事であることが確認された。

バーミヤーンの再生

二大石仏を中心としたバーミヤーン石窟は、ガンダーラから中央アジアへの仏教文化の展開を考えるとき、つねにその不動の点としてつよい位置を占めてきた。その二大石仏の破壊は私たちに深い衝撃を与えた。ようやく、アフガニスタンの戦火もおさまり、復興への動きが始まった。戦争によって家を失ない、生活の場を奪われた人びとの救済が何にもまして優先されるべきであるが、平和の回復、生活の安定を前提に、荒廃した文化遺産の再生と保存についても真剣に検討しなければならない。その事業のひとつとしてバーミヤーンの再生策について考えたい。

まず、破壊がもたらした現状を、バーミヤーンの既往の調査と比較して明らかにしなければならない。この作業は、これ以上の破壊と荒廃を防止するための必須の作業である。そのために、アフガニスタンの専門家を中心に、仏教文化を生み出しその西方への伝播に関心をもつインドの研究者、ギリシア・ローマ文化の東方への影響やペルシア文化と東方との関連に関心をもつ西方の研究者、仏教文化の源流を探ろうとする東方の研究者が、それぞれ独自の関心のもとに交流し、ユネスコのもとで保存・再生の具体策を検討すべきであろう。東西文化の交流のもとに形づくられたバーミヤーンの保存を共通の課題として、まず東大仏前にたつ仏塔跡の調査から始め、バーミヤーン仏教寺院の構成を解明し、その保存・再生をめざす研究機関を設立し、保存の方法を開拓していきたい。

＊「建築年報二〇〇二」建築雑誌VOL一一七・一四九三号　二〇〇二年九月

アフガニスタンの暮らしと文化遺産

一九五九年以来、京都大学では、イラン・アフガニスタン・パキスタン学術調査隊を設け、ガンダーラを中心に調査をつづけてきました。私にとって、アフガニスタンは海外における最初の調査地だったので、それだけに非常になつかしく思っております。一九七九年のソ連の侵入によってアフガニスタンに行く機会を奪われてしまい、思い出も深く、思いもつのるということで、こういう機会を与えてくださったのはありがたいことだと思っています。

アフガニスタンは、パキスタンの西、イランの東、中央アジアの南に位置しています。内陸の地域ですが、地理的な条件、自然的な条件をこえて、むしろ地政学的な条件が大きな意味を持っているように思います。人類の歴史の中でいろんな形の文明がうまれ交流します。アフガニスタンをめぐる古代文明は、ちょうど紀元前三千年ころに西のイラクにメソポタミア文明、それから東のパキスタンのインダス文明がうまれます。アフガニスタンでも紀元前三千年紀から二千年紀の遺跡として、カンダハールの西にムンディガクがあります。ここでは西のメソポタミアの影響を受けたと言われる遺構と、インダス文明のハラッパーなどで見られる貯蔵庫の遺構が層をなして重なっています。古代文明の時代からアフガニスタンは、東と西の文化が交流し合う地点にあったということがわかります。

紀元前数世紀ごろ、アレクサンドロス大王がマケドニアから東征します。まずペルシア帝国の中心であるペルセポリスを炎上させ、さらに東へ向かい、各地に駐留軍を置いていくわけです。現地の女性と結婚させる混血政策をすすめ、アレクサンドリアというギリシャ風のヘレニズムの影響の強い都市が各地に建設されたのです。

その後も、アフガニスタンは交通の要路として、さまざまな王朝が興起し、十九世紀になると、イギリスがインドに覇権をもち、イギリス領インド帝国を形成しました。それに対してロシア帝国が南下政策をとり、ここでロシアとイギリスが激突しました。グレートゲームとよばれています。パシュトン人が住んでいる地域を縦断するような形で国境線が引かれたのです。要するにイギリスとロシアの妥協による国境です。第二次世界大戦が終わり、インドとパキスタンがイギリスから独立します。北のロシアの方からの脅威も少なく、つかの間の平和が、ちょうど私が調査に行った時期だったのでしょう。

平和は長くつづきませんでした。一九七九年にソ連がアフガニスタンに軍事介入をやったわけです。十年足らずで撤退しましたが、ソ連の侵入に対して、アメリカが阻止しようと周辺のパキスタンや、反対勢力を支援しました。中央アジアや南インドにソ連の影響力が及ぶのを嫌ったわけです。アメリカは正面に出なかったけれども武器援助をしたのです。ムジャヒディンと言われるイスラムの戦士たちがソ連に抵抗しました。ソ連が撤退したあとには、たくさんの武器がアフガニスタンに残りました。それを手にとって、部族や宗派の対立という内戦の形になったのです。

ソ連が侵入した七九年に、パキスタンの国境の町・ペシャワルへの幹線道路を走りました。アフガニスタンからの難民テントがたくさんたち、赤や黒などいろんな色の旗、デザインの違った旗が立っていました。これは大変だなという印象をもったのを今も覚えています。やがてタリバンが、アフガニスタンの八割くらいを統治下に置き、バーミヤーンの大仏破壊という事件も起こりました。九月十一日のW・T・C破壊テロ事件が起こり、アフガンが攻撃を受けることになりました。今、復興に立ち上がったところですが、極めて厳しい状況に遭遇しているのです。

アフガニスタンの住まい

都市国家は同じ言語を使い、同じ文化を共有していますが、前数世紀になって広域にひろがる領土国家・帝国では複数の言語を持っているのが普通です。多民族からなる領土国家は、言葉が違えば文化も違うし、暮らしの仕方も違っているのです。

遊牧民と定着民

アフガニスタンは多民族からなる国家です。また、アフガニスタンには遊牧民がたくさんいます。季節ごとに移動しています。アフガンに限らず遊牧民は住居は動産だと思っているのです。住居は不動産と思いこんでいる日本人との大きな相違点です。たしかに、アフガニスタンでも、都市に定住する人も多くなっています。しかし、アフガニスタンでは遊牧民が定着を始めても、遊牧民の生活がその基本となって根づいているように思います。アフガニスタンの各地で丸いテント、黒いテントとよばれるフェルトをかぶせた形でおおっているテントなどをよく見かけます。

近代以前の社会において、あるいはジンギスカンが最後の爆発になるのでしょうか。それまでの世界史を貫く緊張関係は、遊牧牧畜民と定着農耕民の衝突であり、抗争だったと思います。これは生活のスタイルやものの考え方が全く違いますから、平和なときには交換し、交流していても、緊張関係になると対立し激突していく。こういうことがユーラシア大陸でくり返されたのは、遊牧牧畜民と定着農耕民が同じ地域に接して住んでいたということによるのです。アフガニスタンの北クンドゥツの近くで二カ月ぐらい調査して、これからカーブルに引き上げようという時に、「これからカーブルへ帰るけれども、あなたはカーブルを知っていますか?」と私たちはメモン・ハナ（客室）という部屋を宿舎として提供してくれた人に聞きました。そのとき彼が言った言葉が「マ・クーチ」、マは私という意味で、クーチは遊牧民です。厚い胸をとんと叩いて「私はクーチ（遊牧民）である。」「カーブリ・ビシン、デガ・ワタン」と言いました。カーブリというのはカーブルに住んでいる人ということで、ビシンとは定着民で、デガ（他）、ワタン（国）、ということです。すなわち、「私は遊牧民で、カーブルに住む彼らは定着民である。わたしにとってカーブルは異国である。」と彼は言いはなったのです。二十世紀のなかばになってでも、遊牧民と定着民の間にはわだかまりがあり、共存と対立があるのだということを私は印象深く感じました。

テントの住まい

アフガニスタンでは、遊牧民の移動する住居には、二つの形がみられます（図1、2）。その一つは、モンゴルなどでみられる円形のテントで、モンゴルではゲルとよばれ、中国では包《パオ》とよばれるのと同じ形です。細い木で骨組みを格子状につくり、伸縮自在なこの骨組みを円形にめぐらし、壁をつくり、その中央に柱を二本たて、その上に円形の木の輪をのせ、この木の輪のまわりに穴をあけ、この穴と外まわり壁の上の間を棒でつなぎ、傘状の屋根をつくり、全体をフェルトで覆っています。中央の柱の位置にかまどがおかれ、煙突がおかれます。

もう一つの黒いテントは、細長い柱を中央に一列、左右に短い柱を斜めにたて、その上をヤギの毛で織られた黒い布地で覆うというテントです。左右の短い柱はひもで外側に設けた杭に結びつけ、全体を固く結びつけるようにしています。

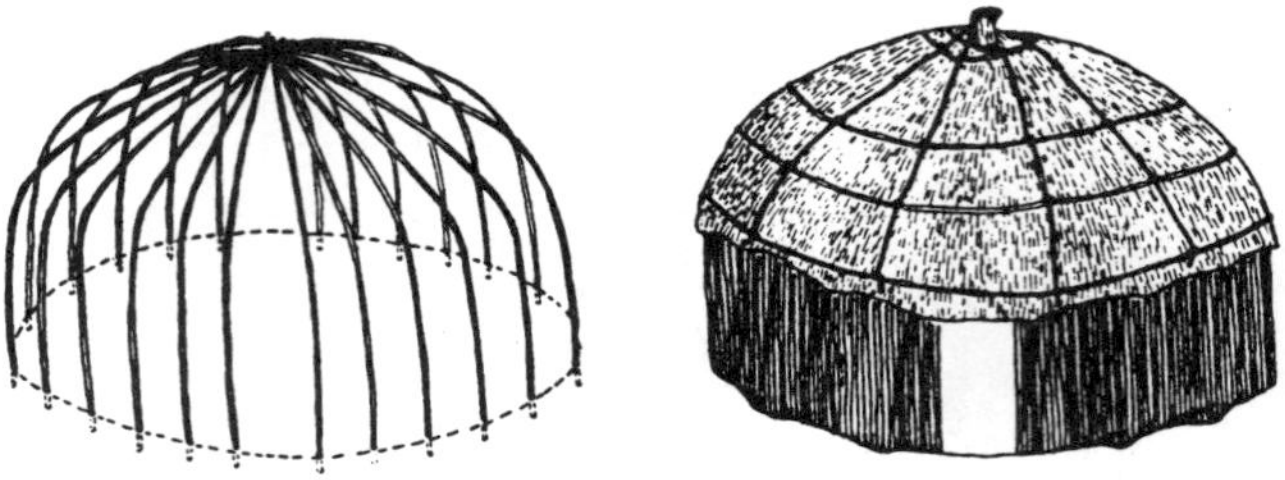

図１　移動するテント住居（モンゴルのゲルと共通する）

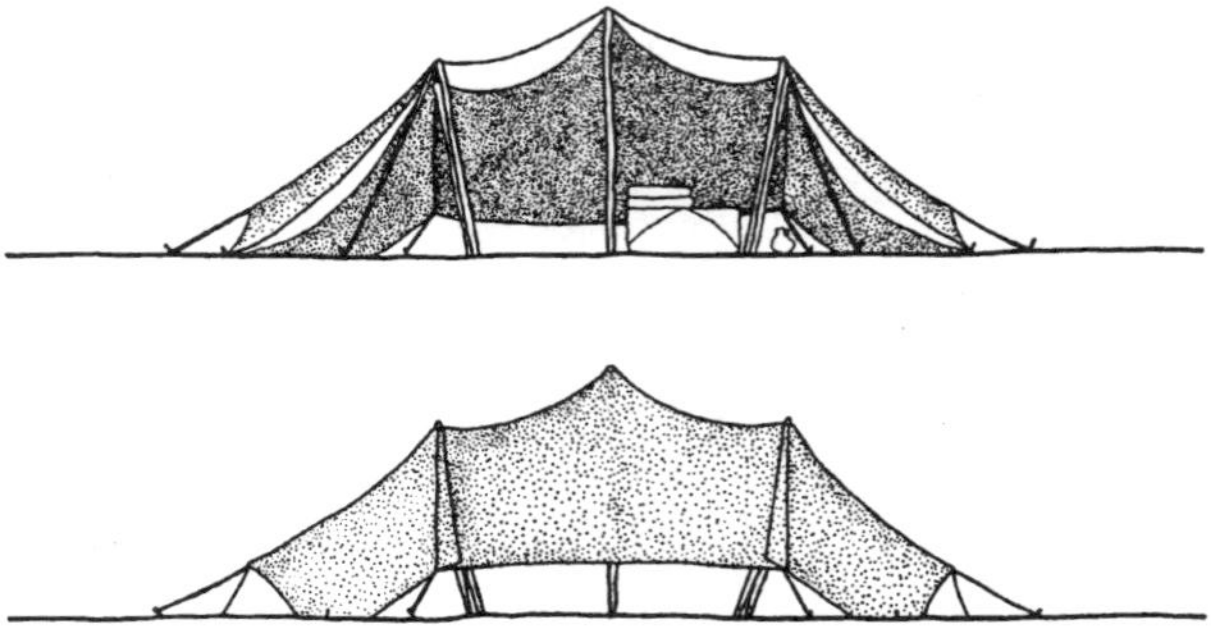

図２　移動するテント住居（黒テント）

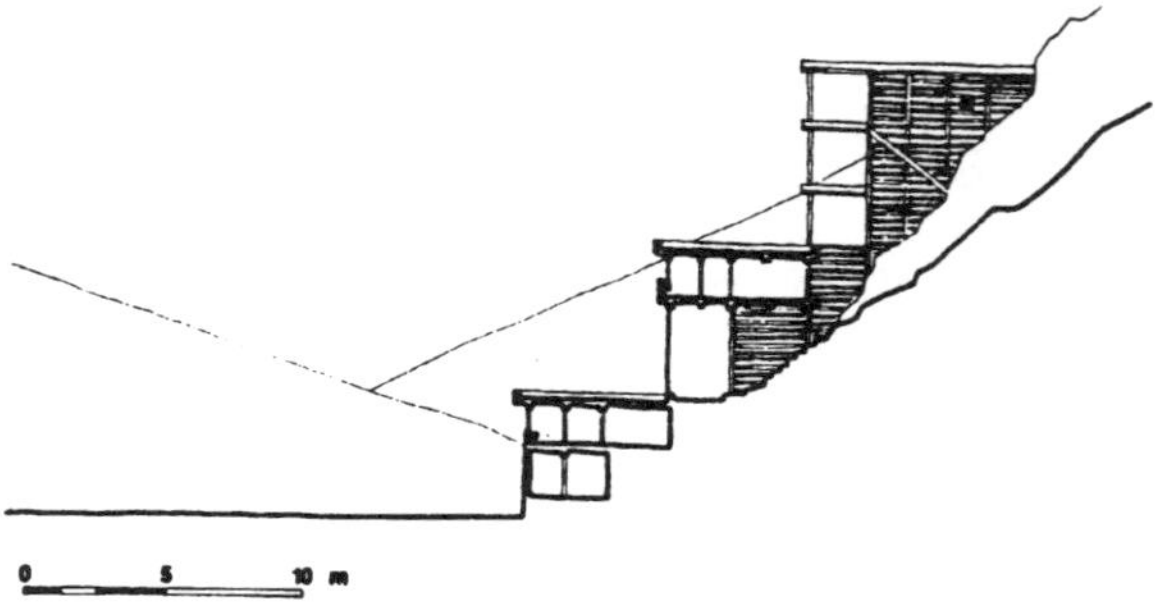

図３　ヒンドゥクシュ石積みの家

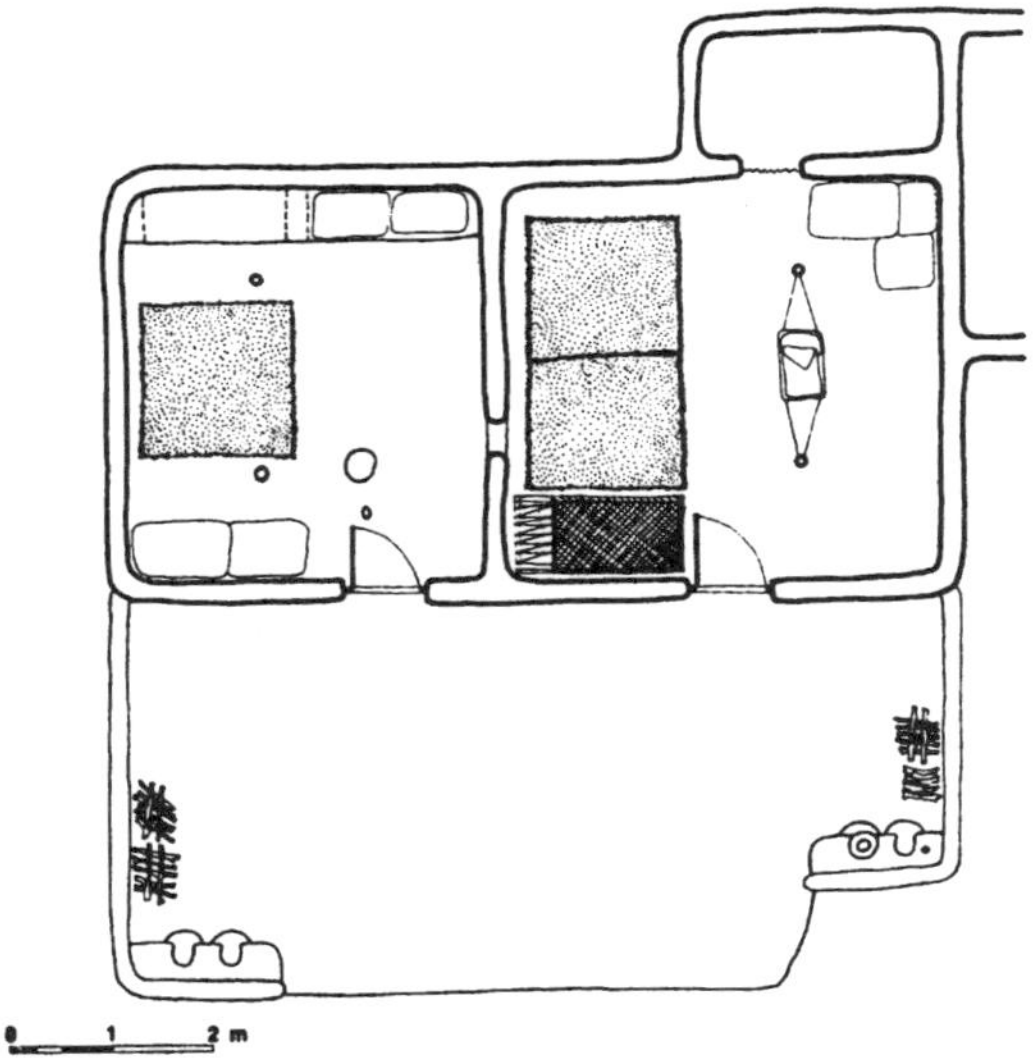

Plan of house.

Elevation of house.

図4　ヒンドゥクシュ平地の家

ヒンドゥクシュ南北の住まい

草原に住んでいる人もあれば、ヒンドゥクシュの大きな山系の斜面に沿って石積みの家を建てるという形の生活もあります（図3）。また、平地には泥で作られた日干し煉瓦で積んだ家、石と木で作られたような家もあります（図4）。だいたいが泥レンガで作られた家で、厚い壁で、外界から住まいをまもり閉ざすという形をとっております。光についても、外界から厚い壁で塞ぎ、窓をできるだけ少なくして光を入れるために、窓は室内の方の面積が広くて、外界とのつながりの入り口や窓をできるだけ小さくする工夫をこらしている家を多く見かけます。これらは日本の住居や建築が穏やかな自然をどれだけ生活空間にとりいれるかに知恵をめぐらしてきたのと対照的な考え方です。

隊商都市・キャラバン　シティ

シルクロードを往来するキャラバン（隊商）をめぐって、キャラバン・サライがみられます。キャラバン・サライというのは隊商の宿場のことで、キャラバン・サライが発達してできたのが隊商都市だとかんがえます。おそらく、アフガニスタンの多くの都市は砂漠のオアシスにひらけたキャラバン都市、隊商都市の性格を持っていたと思います。周辺にひろがる広い農耕地を後背地として、その中心に都市ができるのではなく、むしろ隊商キャラバンの道・シルクロードに沿うていることによって、キャラバンを通じて交易をする町が発達してきた都市なのです。

その中でも首都的な機能を持つ都市に成長したのが首都・カーブルです。カーブルはシャレ・ナオ

（新都市）とシャレ・コナ（古都市）という二つからなっています。例えばインドではイギリスが支配した時代に彼らが統治機構として建設したニュータウンと、伝統的な町とが結びついています。デリーならば、オールドデリーに対してイギリス人が統治の拠点としたニューデリーをつくるわけです。それがアフガンの場合では近代になって、フランスなどの影響をうけ、シャレ・ナオが築かれ、伝統的なシャレ・コナとが結びあって、都市を形づくってきたのです。インドとも共通してみられる都市計画の特色といえるでしょう。

アフガニスタンの文化遺産

アレクサンダー大王がいろんな地点にアレクサンドリアという街をつくったという話をしました。ギリシャ世界で発達したアクロポリスの丘の上に神殿を設けて、そして丘のふもとに碁盤状の都市をつくって、市場や都市の核・アゴラをおく、そして全体を城壁で囲むというヘレニズムの都市計画（図5）がアフガニスタンにも持ち込まれたのです。

アフガニスタンの都市遺跡

アイ・ハヌム　アイ・ハヌム（図7）は、一九六〇年代なかごろからフランス隊が調査したところで

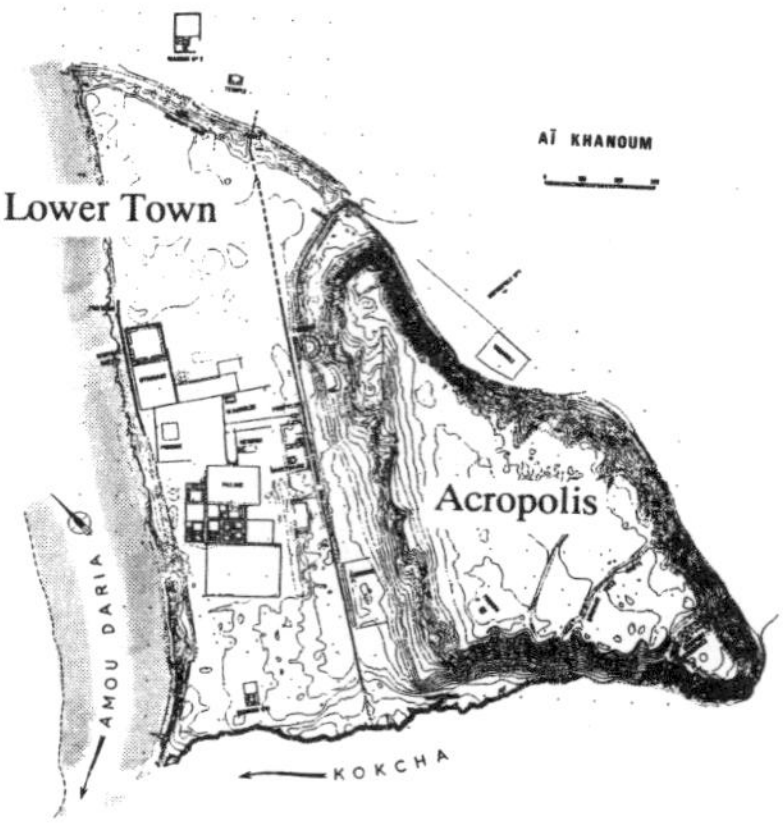

プリエネ

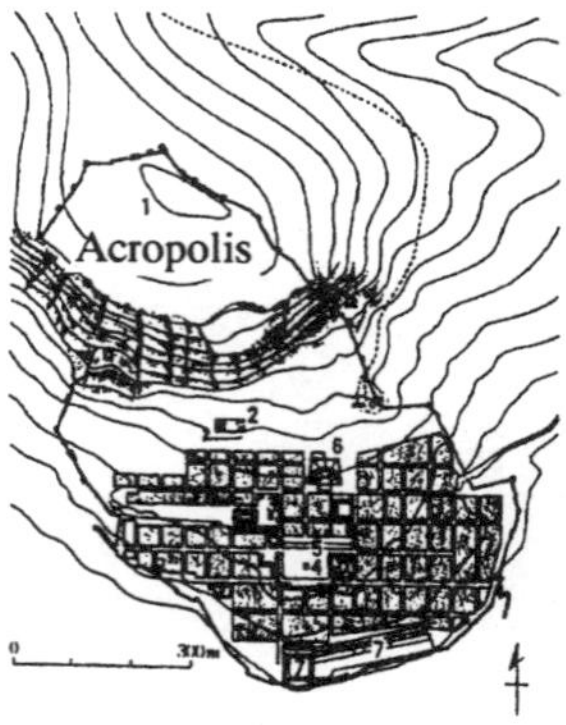

図5　ヘレニズムの都市

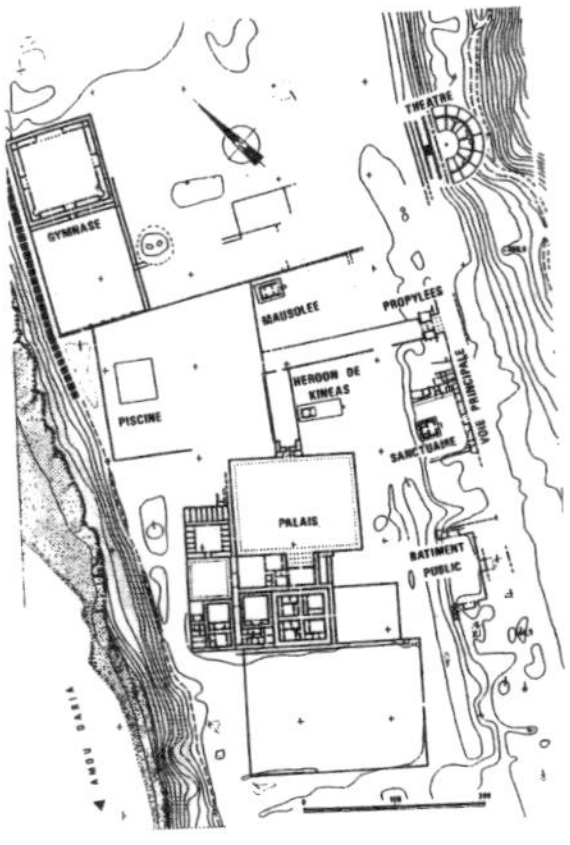

図7　アイ・ハヌム（Ai-Khanum）

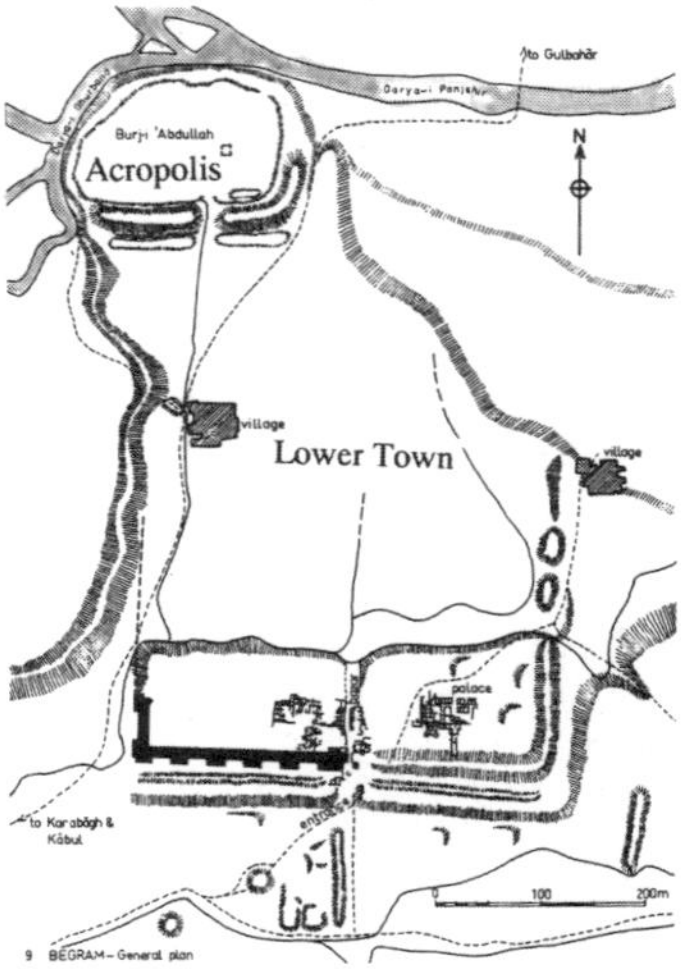

Begram

図6　ベグラム

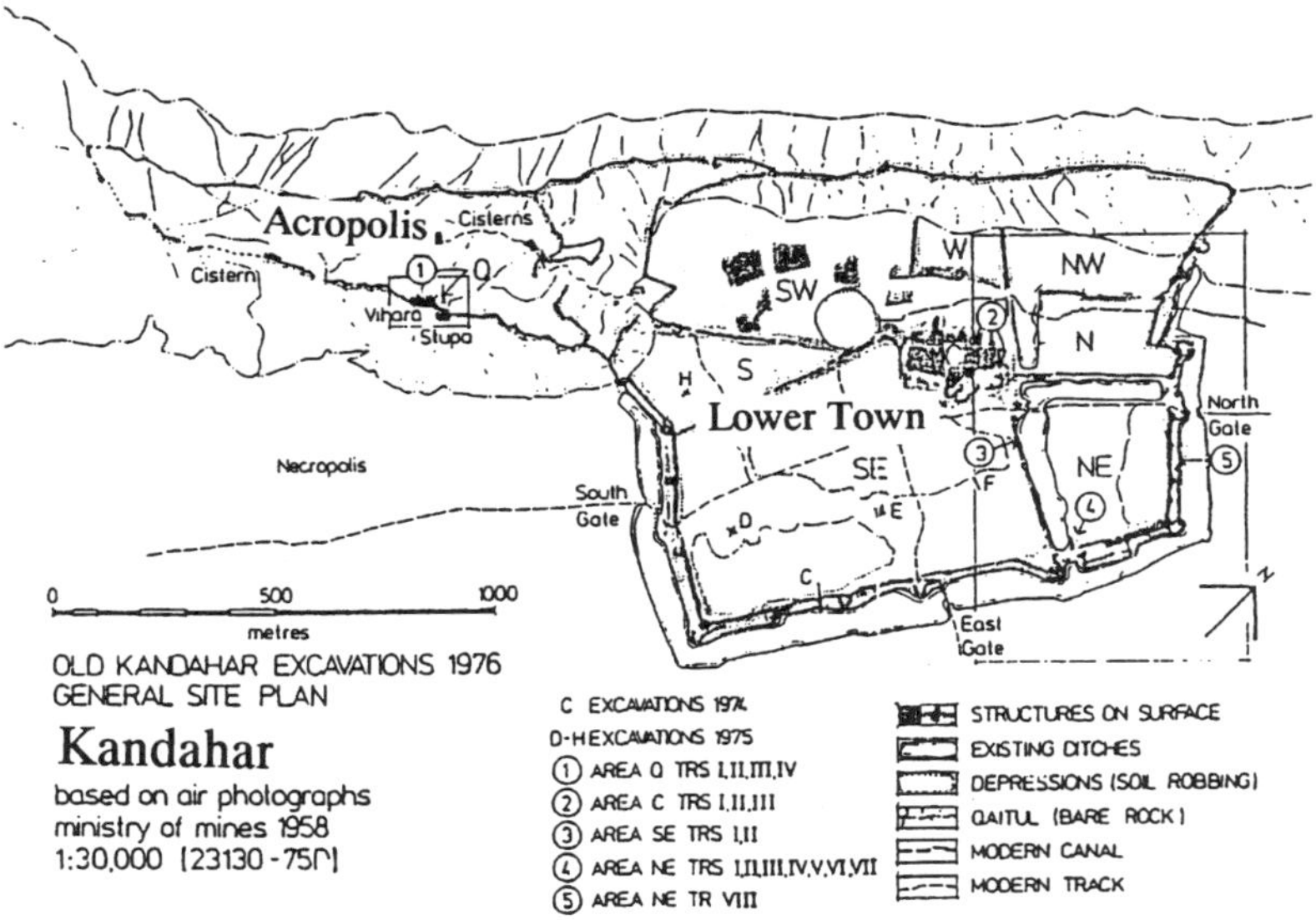
Acropolis
Cisterns
Cistern
Q
Vihara
Stupa
SW
W
NW
N
S
H
Lower Town
North Gate
SE
NE
Necropolis
South Gate
D
E
F
C
East Gate
0 500 1000
metres
OLD KANDAHAR EXCAVATIONS 1976
GENERAL SITE PLAN
Kandahar
based on air photographs
ministry of mines 1958
1:30,000 [23130-75Γ]
C EXCAVATIONS 1974
D-H EXCAVATIONS 1975
① AREA Q TRS I,II,III,IV
② AREA C TRS I,II,III
③ AREA SE TRS I,II
④ AREA NE TRS I,II,III,IV,V,VI,VII
⑤ AREA NE TR VIII
STRUCTURES ON SURFACE
EXISTING DITCHES
DEPRESSIONS (SOIL ROBBING)
QAITUL (BARE ROCK)
MODERN CANAL
MODERN TRACK

図8　カンダハール

す。フランスの調査団の目的は、ヘレニズムの伝統、ギリシャ風の文化がどういう形で、どこまでアフガニスタンに入っているか、日本の調査団は、むしろ仏教文化の源流はどういう形でアフガニスタンに存在しているかということで、異なった視点にたって調査をつづけてきたのです。アイハヌム遺跡は、北を流れるアムダリアの川沿いにつくられた都市で、アクロポリスの丘があって、下に碁盤状の都市がひらけています。

古・カンダハール　カンダハール（図8）は、アレクサンドロス大王の遠征のさい建設された植民都市アレクサンドリアの一つです。アレクサンドリア・アラコーシャとよばれました。丘の麓にひらけた町は碁盤状の構成になっている。これは、七十年代に訪れたときにはイギリス人が中心になって国際的な調査団で発掘調査をつづけていました。小高い丘の上、ギリシャ都市ではアクロポリスの神殿がたつ位置に、仏教の仏塔・寺院が建っているのです。インドで生まれ、発達した仏塔・ストゥーパがギリシャ神殿にかわって置かれているのです。都市計画はギリシャ風だけれども、そのアクロポリスの丘にたつ神殿の位置に仏教寺院がおかれたのです。なお、このカンダハール寺院の仏塔は私たちが知る限り、仏教の文化の痕跡を示すもっとも西の遺稿です。

ベグラム　首都カーブルをめぐる戦闘がはげしかったとき、バグラムという飛行場が戦闘の攻防地点になっていました。その近くに、ベグラム遺跡（図6）があったのです。ベグラムにも、いわゆるヘレニスティックな都市のパターンがあったのです。この都市遺跡から発掘された倉庫に、象牙細工、漆器、ガラス器が出土しました。もちろん、象牙細工はインドの象牙で、インドのデザインです。インドの文化がここに及んでいるわけです。漆器は明らかに中国のものです。ガラスの杯は、エジプトのアレクサンドリアでつくられたものがここで発見されているのです。東と西の文化が交流し、西方、インド、中国につながる文化交流の三叉路であることを如実に示しているのです。

アフガニスタンの仏教遺跡

仏教石窟寺院は、バーミヤーンだけではなく、アフガンではヒンドゥクシュ南北にわたってみられます。ところがパキスタンでも日本でも石窟の仏教寺院は発達しなかったのです。

インドではアジャンタとかエローラをはじめ、たくさんの石窟寺院がみられます。しかし、ガンダーラのあるパキスタンに入ってくるとそういう石窟寺院はまったく見られなくなります。ただ、私たちが調査したラニガト寺院には、大きな石を彫りこんで祠堂や僧房を形づくっているのはみられましたしかし、カイバル峠をこえてアフガニスタンでは石窟寺院がたくさん見られるのです。さらに中央アジアから中国にかけて敦煌とか竜門、雲岡などの石窟寺院が見られます。

ナガラハーラ　ジェラララバード（図9、10）は、古代のナガラハーラの地でカーブル河を通じてガンダーラにつながり、バーミヤーンに匹敵する仏教の栄えた地点でした。カイバル峠をこえた、ジェララバードは、今回のアフガン戦闘がはげしかった地域で、石窟に弾薬をいれたり、戦争の基地にして

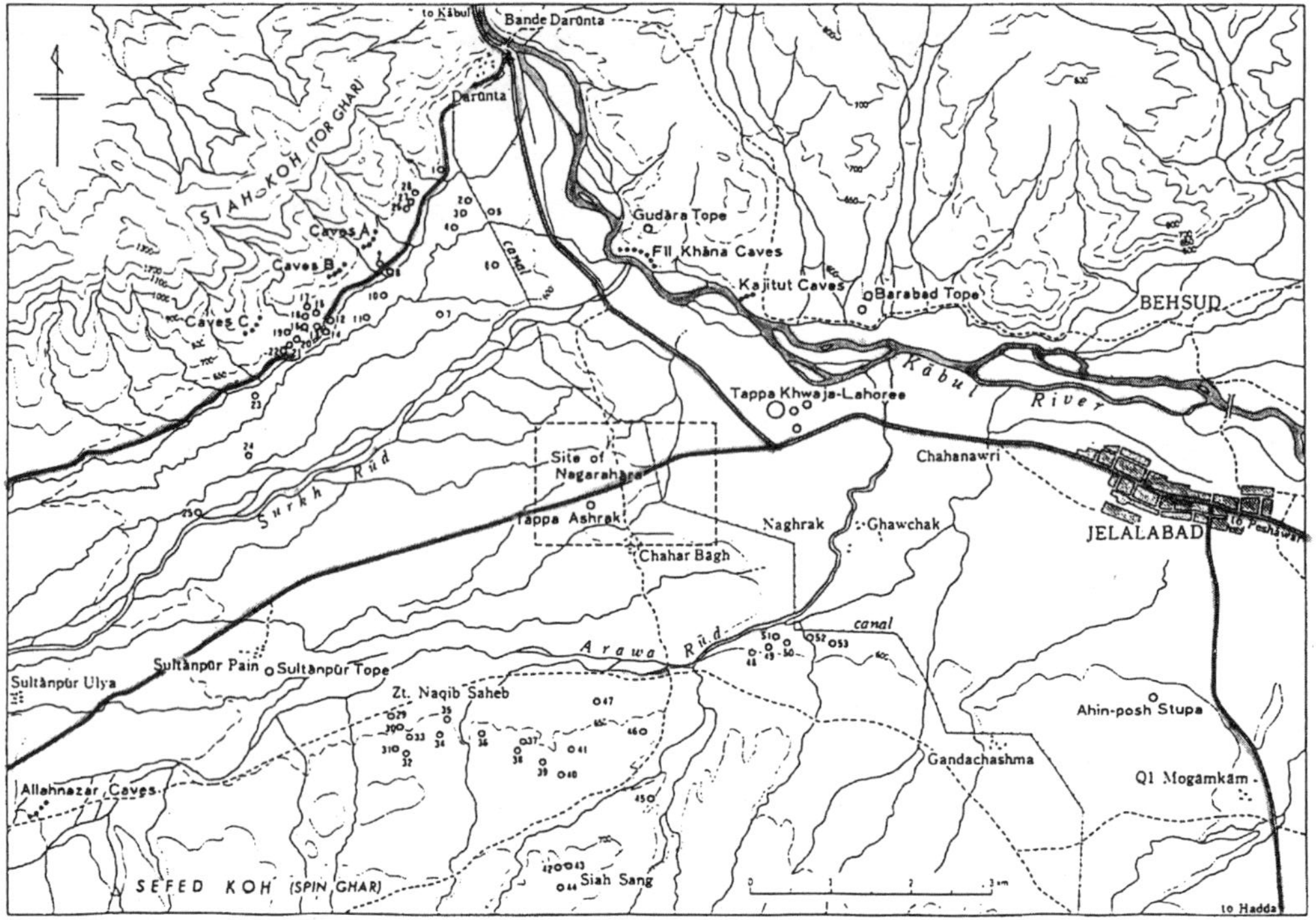

図９　カンダハールナガラハーラ（現ジェララバード）仏教遺跡分布図

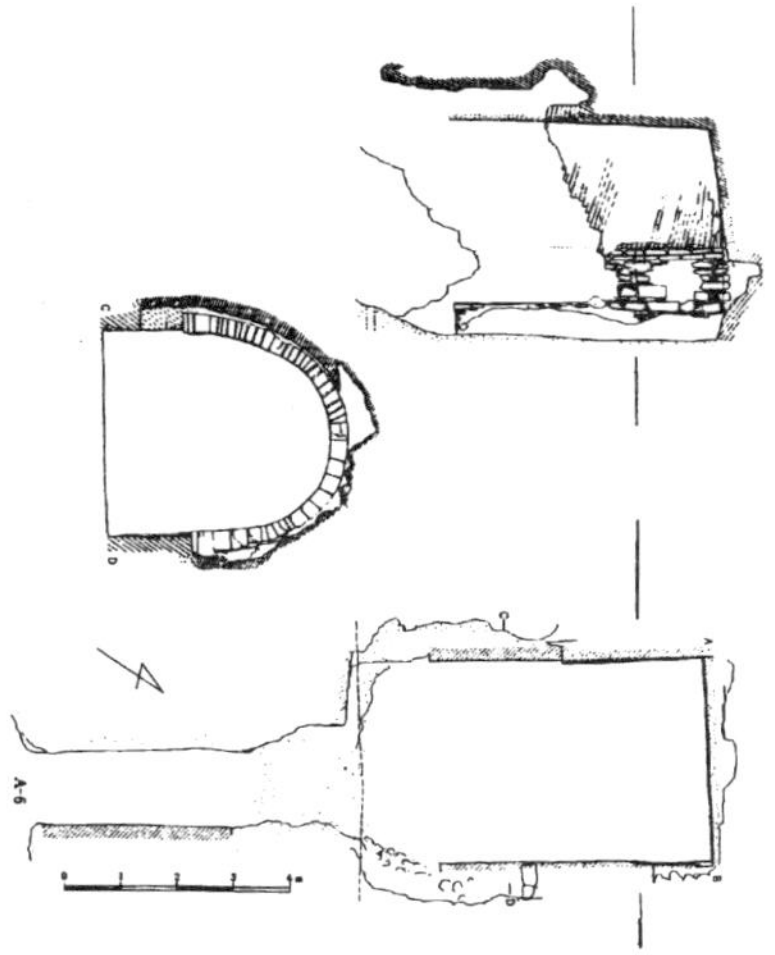

図10　Jelalabad石窟群

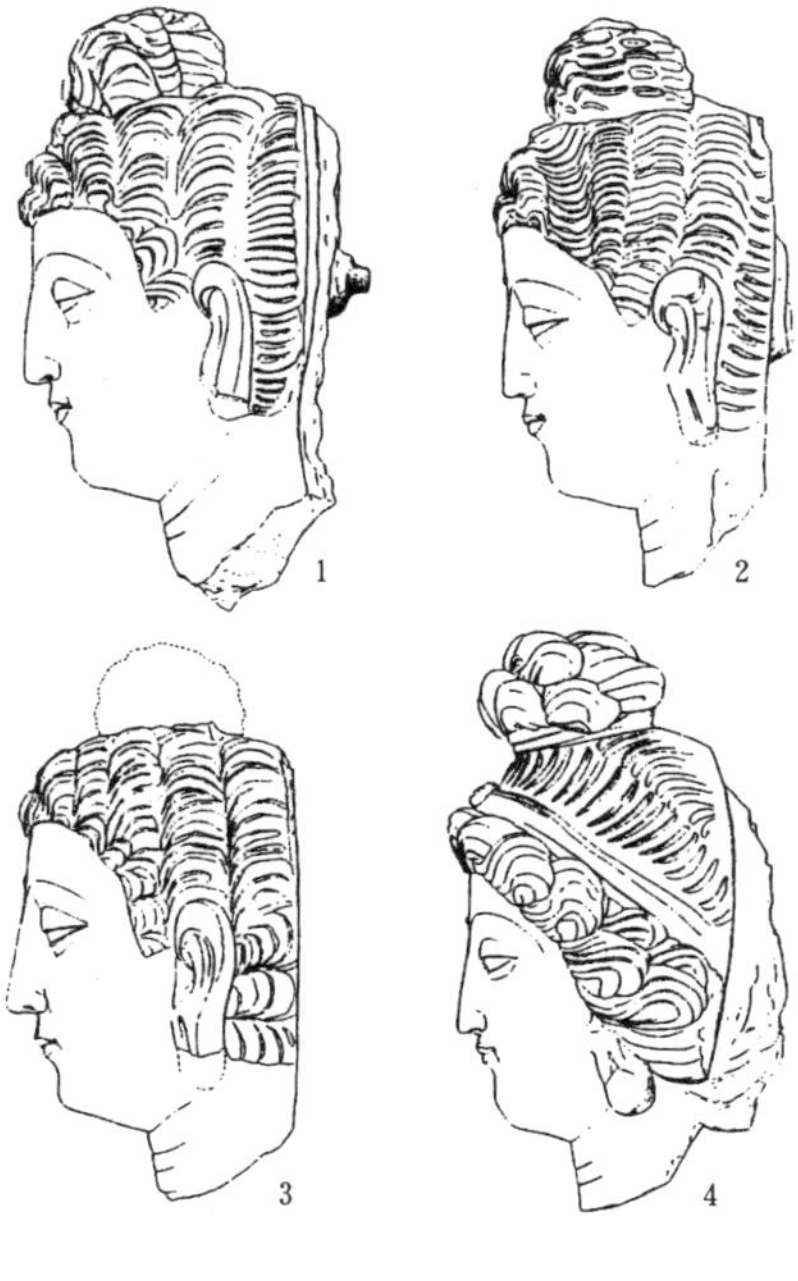

図11　菩薩像頭部（ストゥッコ）
（Basawal出土）

いる写真を見ました。おそらく、仏教寺院の時代の石窟を拡大するような形で使ったのだろうと、それを眺めて暗澹たる気持ちになりました。今これらの遺跡は戦火でどうなっているのでしょうか。かつて調査した石窟の一つは、天井がアーチ型になっていました。アーチの技術というのはローマ時代に発達し、ボールト天井やドーム天井をつくり、すぐれた技術で、多様な建築をうみだしました。私が調査したボールト天井は日干し煉瓦がまっすぐに立っているのではなく、斜めにたてかけてならべていました。ササン・ペルシャの技法です。これはおそらくボールト天井をつくる仮枠の材料・木材の乏しいササン・ペルシャのうみだした技法です。西方ローマで開発した技法が東方のペルシャで改良され、ここアフガンにまで及んでいることを示しているのです。ナガラハーラ（ジェララバード）からカーブル河沿いに東へカイバル峠へ向かうところにバサワールという村があります。そこの小さな石窟寺院を調査したところ、きれいな埿の菩薩像（図11）が出土しました。カーブル博物館に収納しましたが、その後どうなっているのでしょうか。

ハイバク石窟　ハイバクは、私たちが一九六〇年に調査した遺跡です。ハイバクはアフガニスタンの北のマザリ・シャリフへ向かう街道の宿駅キャラバン・サライの町です。サマンガンとよばれます。この町の近くに石窟寺院があります。石窟寺院だけれども、岩を掘り出してきざみ、塔を回廊をめぐらせるという、他に類のない石窟です。ストゥーパにしては丸みに欠け、肩を張ったような形になっております（図12）。この塔のある丘と向き合う北の丘のふもとに、小さな石窟がずっと並んでいました（図13）。その西の端は、円形の石室で上に丸いやや扁平なドームをかけてあります。そのドームとそれを支える円形の壁面には、一面に大蓮華文が蓮弁を一つずつ細かく石に彫りだしているみごとなものでした（図14）。

その東には、第二窟、前後にヴォールト状の天井をもつトンネルがはしり、その間に十三の小さい空洞がならび、地元の人たちはバザール窟とよんでいました（図13）。市場にならぶ店と似ているからでしょう。

その東にとなりあって、第三窟、矩形の前室の奥に、方十一メートルの礼拝窟がありました。この方形窟の奥壁と左右の側壁には大きい龕がきざまれ、アーチ状に形づくられ、奥壁に本尊、左右壁に脇侍がおかれていたのだと思います。この方形窟の天井はドーム状で、四隅にはせり出しアーチを重ねたスキンチ・アーチが掘りだされ、西方からの技術の伝来をものがたっています（図15）。

さらに、東には厨房や浴槽をおもわせる僧侶の生活の場となる石窟がならんでいました。

中央アジアの石窟にはみられない特色です。

バーミヤーン石窟　バーミヤーンでは、二大石仏がたつ本谷からはなれた東のカクラク、西のフォラディという支谷の調査を担当しました。カクラクでは五メートル位の仏の立像がたっていました。この石仏も壊されました。バーミヤーンの仏教は、国家の鎮護をめざしたようです。日本の比叡山延暦

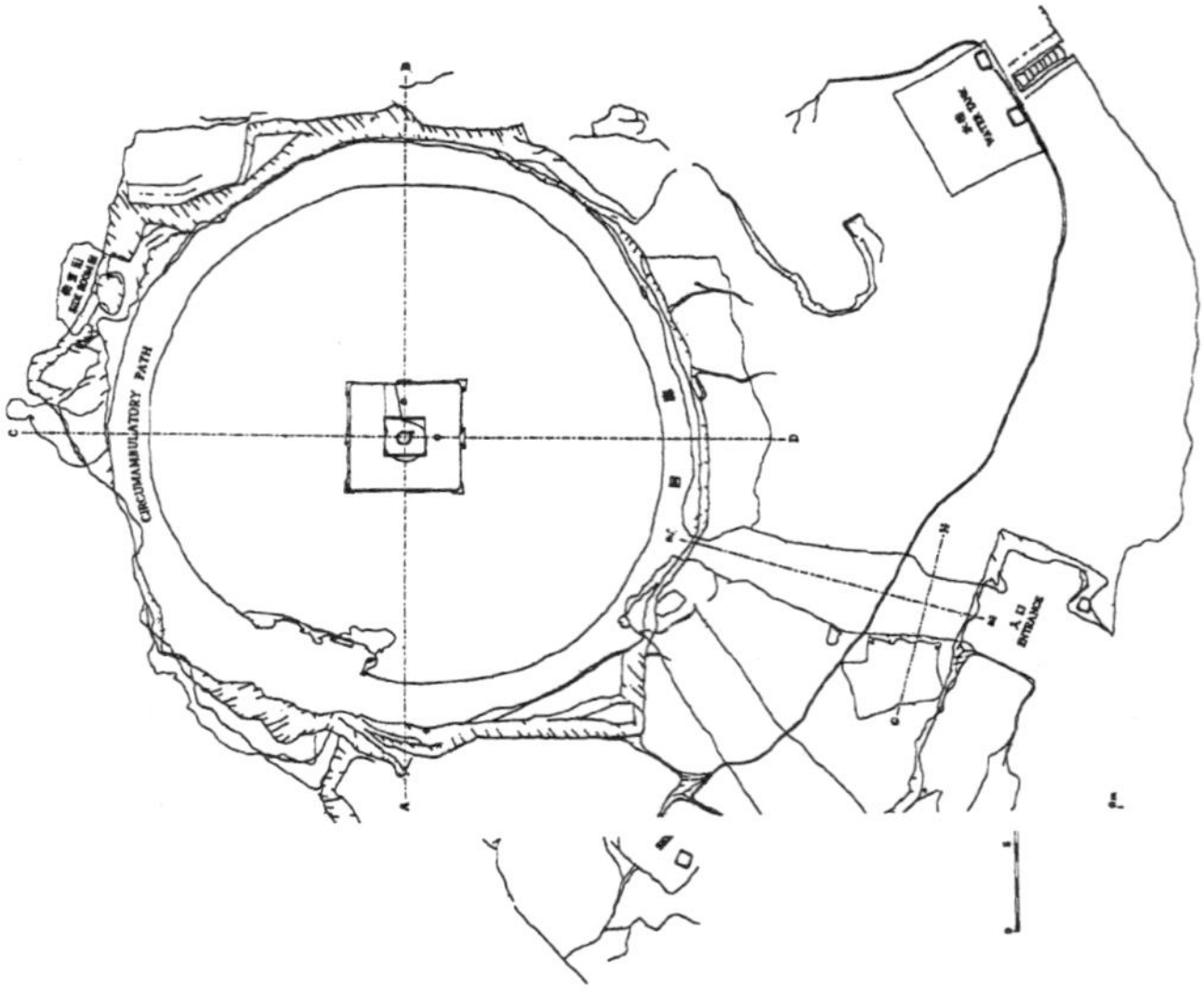

図12　ハイバク（Haibak）石窟　仏塔

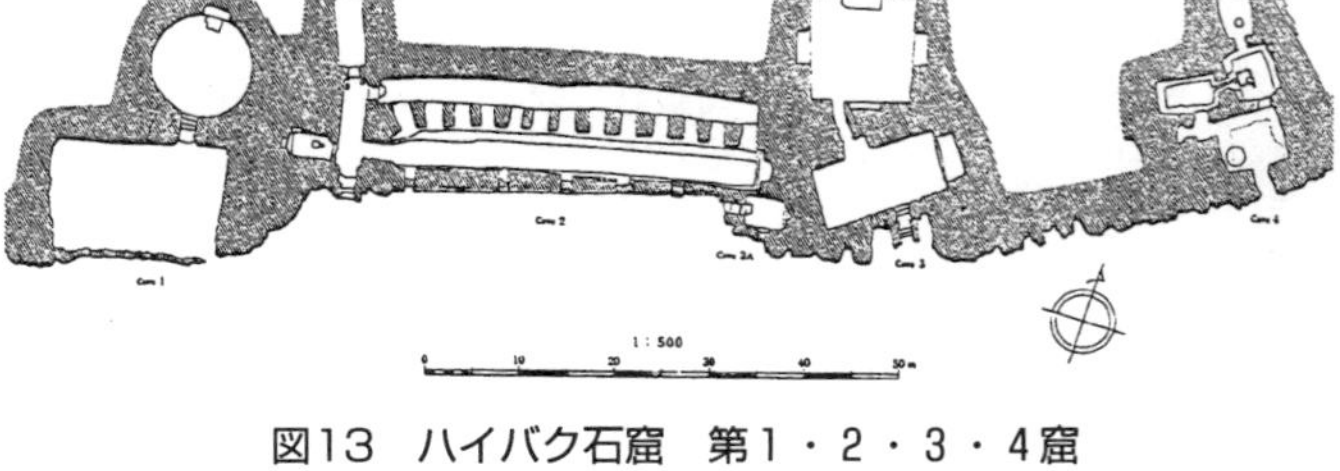

図13　ハイバク石窟　第１・２・３・４窟

Haibak

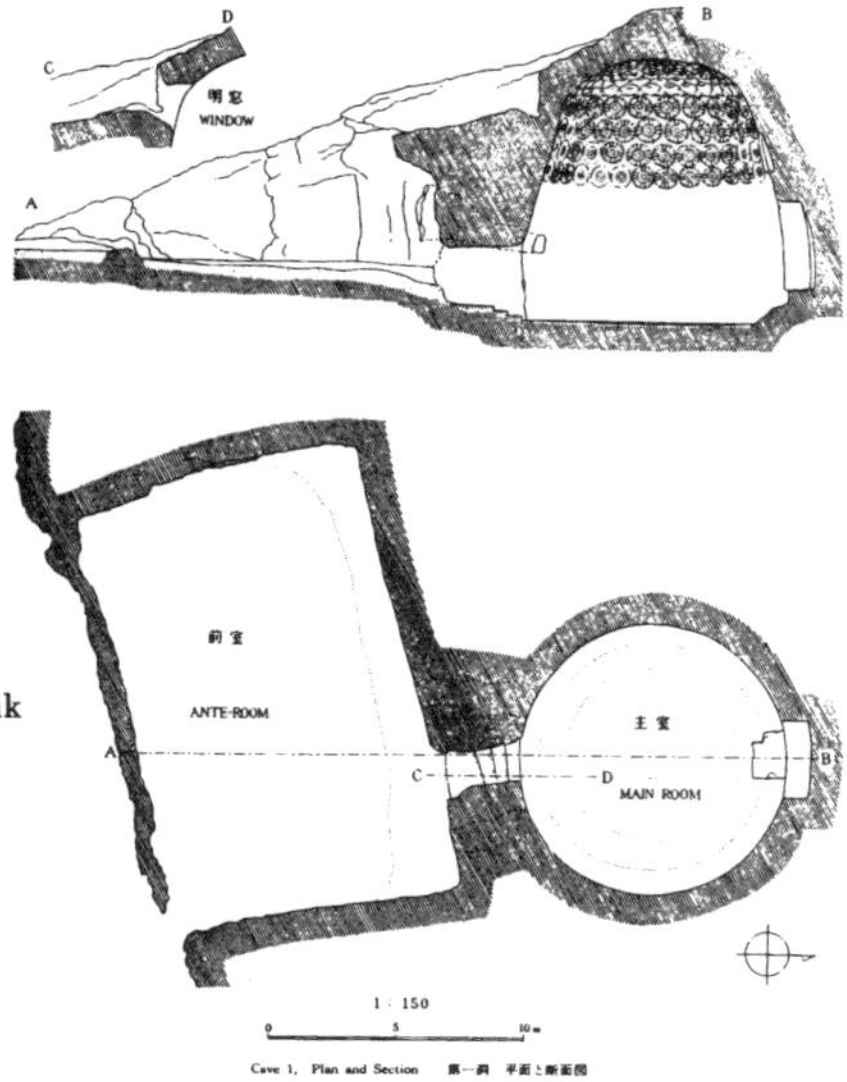

図14　ハイバク石窟　第1窟

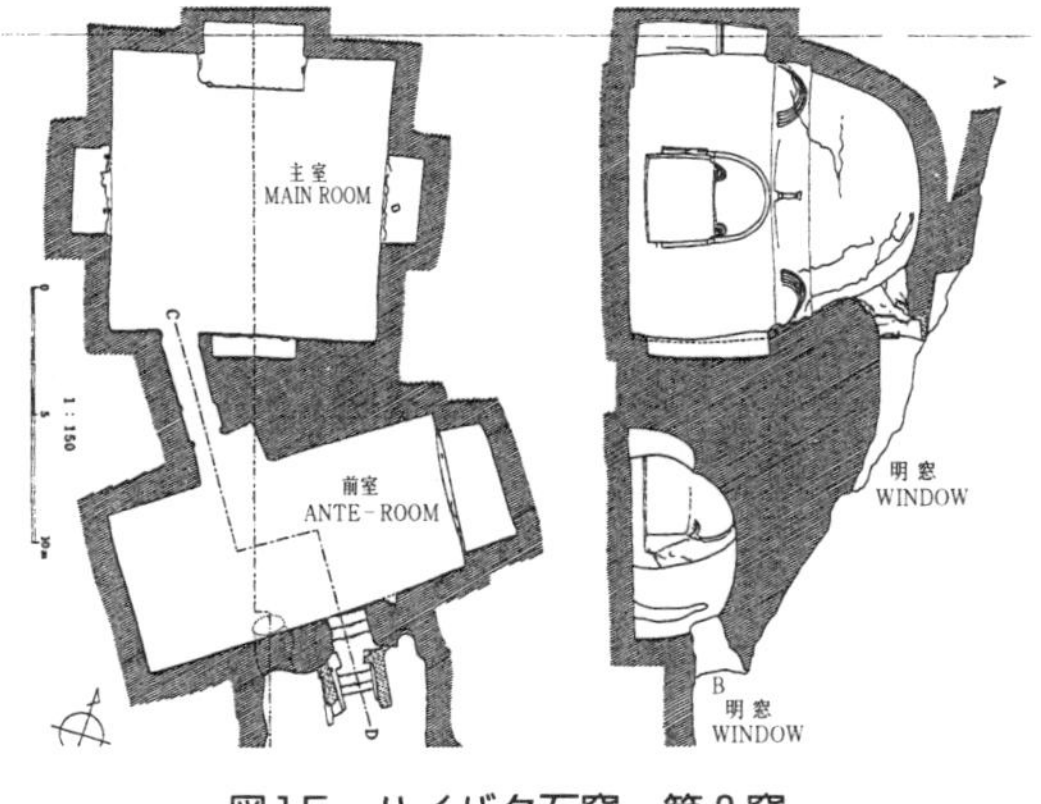

図15　ハイバク石窟　第3窟

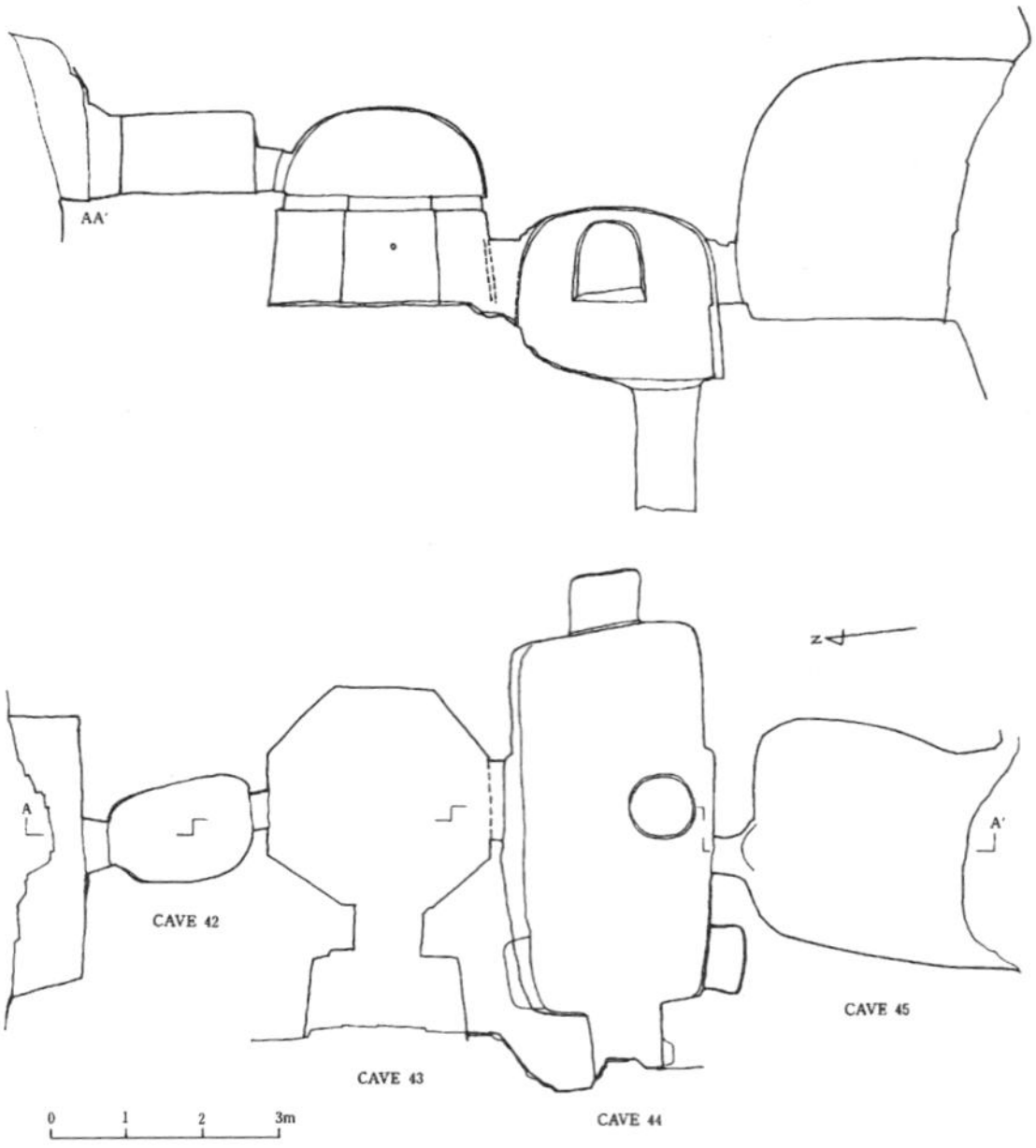

図16　バーミヤーン・カクラク谷の石窟

寺も王城の守護、鎮護国家をめざしていたので類似しています。そういう考え方を捉える形のものとして望楼があると思います。だから、バーミヤーンの石仏と望楼が結びつき、国家鎮護の形をあらわしているとかんがえています。

　カクラクの遺跡（図16）は、八角のドームの上に丸いドームの天井がのっています。一九三〇年頃にフランスのアッカンという美術史家が調査し、八角形の平面の上に半球状のドーム天井がほりだされています。このドーム天井の中心に菩薩坐像を描き、そのまわりに十七の小円圏のなかに坐仏を配している壁画をみつけ、この壁画のあるドームをとりはずし、一つをカーブルの博物館に、一つをパリのギメ美術館に移しました。私が調査したのは、天井をかざる壁画をはずしたその痕跡を調査したことになります。その時には、文化財はそれが生まれ育ったその地点でこそ保存されるべきものであり、歴史的な風土環境の中で保存するべきであるとかんがえていました。当時、アッカンが壁画をはぎとり、博物館へ移した作業を嘆いていました。しかし、壁画は博物館に疎開させていたため、破壊をまぬがれました。

アフガニスタンは私たちにとってきわめて魅力ある地域です。東西文化の中で生まれたさまざまの文化遺産があり、まだまだ解明していかなければならない文化遺産がのこされていると思います。

戦争はもうないと思い平和であったあのアフガニスタンで、戦争によってはげしい文化破壊が行われたことは残念です。タリバンのような偏狭な原理主義者の人たちが偶像破壊を否定して文化物を壊すとは想像できませんでした。文化遺産はその土地のアイデンティティを示し、高めるものであって、土地に根ざしたものであるということをもう一度確認することが、二十一世紀にとって極めて重要なのではないかとかんがえております。バーミヤーンはいま、非常にきびしい状況でありますけれども、その地域の生活の再生という中で、文化遺産の保存、再生、活用を考えていかなければならないと思っております。

バーミヤーンでは、仏塔の地位が非常に小さいというのが大きな特徴ですが、バーミヤーンの大仏の前にそう大きくはない仏塔の跡が残っております。それをきちんと調査すること。そして、玄奘三蔵は、仏の涅槃像を見たと書いていますので、どこかに仏の涅槃像がかくれているのではないか、そういった調査と保存、整備をしていくことで、それを地域の再生に活かすような方向が見いだせれば良いのではないかとかんがえております。

参考文献

図1～4　S.I.Hallet "Traditional Architecture of Afghanistan,1980
図6　Begram DAFA
図7・8　F.R.Allchin.&N.Hammand The Archaeology of Afghanistan,1978
図10・11　『バサワールとジェララバード・カーブル—アフガニスタン東南部における仏教石窟と仏塔の調査—』京都大学　一九七一
図12～15　『ハイバクとカシュミール・スマスト—アフガニスタンとパキスタンにおける石窟寺院の調査—』京都大学　一九六二
図16　『バーミヤーン』第四巻—京都大学中央アジア学術調査報告—　同朋舎　一九八四

＊『第十七回日本教育大学全国家庭科部門大会報告集』二〇〇三年八月二十二日

六、最終講義

最終講義

地域文化財と世界遺産

景観法と文化的景観

昨年六月に景観法が制定され、景観の保全が改めて注目され、人びとの深い関心をよびました。景観法は私たちの生活をめぐる良好な景観を、国民共有の資産を、現在から未来にわたって保全していこうというもので、地域の自然、歴史、文化などと人びとの生活や経済活動を調和させるために、適正な規制のもとに調和した土地利用をはかろうとしています。今まで画一的な開発によって個性を失いつつあった町や村に個性ゆたかな景観を取りもどし、地域に固有な景観の創出をめざすものでもあります。景観法の制定にあわせる形で文化財保護法も改正され、新たに人びとの生活、生業と深いかかわりをもつ文化景観が保護の対象とされることになりました。歴史的景観の保存、町なみの保存修景計画につよい関心をもち、地域文化財の保存と活用をとなえてきた私たちにとって、深い感慨をおぼえる次第です。

　私が歴史的景観の問題に直接にかかわったのは一九七〇年、ユネスコ本部の後援で、日本ユネスコ国内委員会と文化庁が共催した「京都・奈良伝統文化保存シンポジウム」が京都でひらかれたころからです。この席上、ユネスコ文化遺産保護開発課長のH・ダイフクさんが「かつて秦の始皇帝は焚書坑儒を行なった。彼は過去の英知を葬りさり、みずからの成果をのみ後世に伝えようとしたのである。現代人はこの始皇帝と同じ過誤をくり返そうとしているのではないか」と指摘されたのが、私にはきわめて印象的でした。じっさい、科学技術を過信し、開発の名のもとで、始皇帝によってすすめられた文化破壊《ヴァンダリズム》に比すべき蛮行によって人類共有の文化遺産がきびしい危機に直面していることをあらためて痛感したのでした。

　このシンポジウムの討議を通じて「歴史的記念物や遺物がもつ価値は歴史的建造物群、その景観の美と調和し、補完されており、歴史的地域の保存が文化的伝統の継承に大きい役割をはたすことを強調し、歴史的地域の保存と開発について基本的な方策を検討し、早急に必要な措置をとる」ようにとの勧告をうけました。この勧告をうける形で、京都市風致審議会は諮問にこたえて、「京都市における市街地景観の保全・整備対策に関する答申」をまとめ、委員として積極的に協力しました。そのなかで、京都の都市的伝統を明らかにし、建設技術の革新と大規模な再開発に当面して、過去のように「見えざる手」によって調和していく予定調和の世界ではない現実を直視し、計画的な対策の必要を強調しました。一九七二年四月、この答申をうけ、「京都市市街地景観条例」が制定されました。この条例では、御所、二条城、東西本願寺、東寺などの歴史的建造物を中心とした地区、鴨川沿い、鴨川と東山にはさまれた鴨東、東山の山麓の清水の地区を「美観地区」に指定し、市街地で歴史的景観と現代的景観が共存と調和をはかれるよう、高い鉄塔や高架道路などの「巨大工作物」について、その規模と意匠を規制しました。また京都にのこる伝統的な町なみなどの歴史的地区を保存し、積極的に修景するために「特別保全修景地区」を指定することになりました。その第一歩として、東山八坂の産寧坂地区がとりあげられ、町なみの調査、デザインの構成要素を明らかにし、具体的な修景の方策を検討しました。いま、人間文化学部にいる土屋さんたちが中心で活躍しました。なつかしい思い出です。ついで、祇園新橋、嵯峨野鳥居本、上賀茂社家町でも調査をすすめ、一九七六年には「重要伝統的建造物群保存地区」の選定をうけ、現在にいたっております。滋賀県でも、近江八幡、坂本里坊などで町なみ調査をすすめ、それぞれの地域的特性を明らかにし、「伝統的建造物群保存地区」に指定し、国の「重要伝建地区」の選定をうけています。

ここで注目すべきことは、こうした町なみの保存修景の動きは、けっして京都だけのものではなく、倉敷や妻籠など各地ですすめられていた町なみ保存の動きに呼応するものだったことです。近江八幡では、その都市の歴史を映して流れつづけてきた八幡堀を無用の長物として厄介視する動きがあり、堀を暗渠にして駐車場とする案があらわれたとき、市民は史跡の堀として再生させるため、当時の青年会議所メンバーをはじめ、市民の手で川浚いをおこない、八幡堀をよみがえらせることに成功したのです。この努力と地域の文化財への深い関心が町なみの保存へと向かわせたのです。町なみの保存は地域への深い関心に根ざしてすすめられ、この動きは文化財保護法が改正されることになりました。一九七五年には、「伝統的建造物群保存地区制度」がとりいれられたのです。この「伝建地区」の制度は、国や都道府県でなく、市町村が都市計画や条例によって「伝建地区」を指定し、その保存事業を主体的にすすめるというものです。市町村が決定した「伝建地区」について、価値の高いものが「重要伝建地区」に選定されることになりました。従来、文化財の指定は学術経験者らの審議をへて決定されていました。そして市町村や都道府県の指定は、上位機関で指定されると自動的にその指定が消失することになってきました。こうした状況のもとで、「伝建地区」は地域住民のつよい意思に支えられ、地方自治体が条例によって指定し、そのなかから重要なものを国が「重伝建地区」に選定するという、地方自治体による指定と国の選定が複合する方式でした。これは従来の市町村指定が都道府県や国の指定をうけると自動的に消えるという方式に比べて、きわめて対照的で画期的なことだと思います。文化財をめぐる地方の時代、地方分権の動きを象徴するものだといえましょう。

滋賀県では八〇年代になって、ふるさと滋賀の美しい自然と歴史と人びとの生活がうみだす湖国の風景をまもり、育てていこうという動きがあらわれ、一九八四年「ふるさと滋賀の風景を守り育てる条例」が定められました。風景はその土地の特性やそこに住む人びとの個性をうつしており、県民がほこりとするびわ湖とその周辺、主要な道路や河川とその周辺の生活空間を対象としました。そのために、大きい建物や巨大工作物を規制し、風景が人びとの生活と結びつき、身近な環境と深くかかわっていることから、近隣を重視する「近隣景観形成協定」の制度を設け、市町村でも地域の特性をいかして積極的にとりくみ、市町村の境域をこえた、広域にわたる「琵琶湖景観形成地域」「沿道景観形成地区」「河川景観形成地区」が設けられることになり、この条例の策定の作業にも加わりました。この条例は景観を地域の課題としてとりあげたものとして注目されています。

地域文化財の動態保存

一九七〇年代に、京都の南山城で注目すべき動きがあらわれました。相楽郡加茂町には九体阿弥陀堂のたつ浄瑠璃寺、三重塔のたつ岩船寺《がんせんじ》の一帯が当尾《とうの》として、知られています。当尾は古く平安貴族の極楽浄土への強い憧れのもとに築かれた寺院をめぐって、ひろく民衆の間に根をおろした浄土信仰、阿弥陀信仰を、その宗教的情熱でもって当尾一帯を仏国土としようとする動きとなり、浄瑠璃寺や岩船寺を結ぶ山道、辻、森などに石仏がおかれ、磨崖仏がきざまれたりしました。じっさい、当尾をめぐる後背の山なみは修験者や念仏行者の霊地となりました。ここを訪れた和辻哲郎はその印象を
――そこに自然と抱き合って、やさしい小さな塔とお寺がある。心を潤すような愛らしさが、すべ

ての物の上に一面に漂っている。それは近代人の心にはあまりに淡きに過ぎる光景ではあるが、――古人の抱いた桃源の夢想を表現した山村の寺に面接して見ると、われわれはなおその夢想に共鳴するものをもっていた――

と記しています。きびしい動乱や不安にみちた世相のなかで、当尾の村人たちがいだきつづけねがってきた仏国土への憧れと夢がいきつづけてきたのです。近代になって、文化財保存事業が整備され、浄瑠璃寺や岩船寺は指定文化財として保存されるようになりました。しかし、当尾一帯に点在する石仏や歴史的環境は当尾に生きる人びとによって保存されてきました。戦後、当尾の石仏を調査した村山修一は、「南山城当尾の石造遺物」(史跡美術二一四―六)で、

――現在なお一部の古老の間には、正月その他の閑期を利用して礼拝にまわることが行われているという。すでに古き信仰の形骸となってしまったかにみえるこれらの遺物も、なおほのかな過去の香りが残っていることを聞くにつけ、心なき者どもの破壊を考慮して適宜の保護を一日も早く講ぜられんことを望むや切である。

とうったえていましたが、やがてこの危惧は現実となりました。

戦後の荒廃から復興がすすみ、経済の高度成長がすすむなかで、生活の環境にも大きい変化がおこりました。乗用車が普及し、当尾を車で訪れる人がふえ、小さな石仏を単なる骨董としてもち去る不心得な行動がめだってきたのです。当尾の人びとは当惑し、かけがえのない地域の文化財をまもる自

衛の策を検討し、石仏の基部をコンクリートでかためるなどしました。人びとは「当尾を守る会」(小田原会)をつくり、当尾がほこる地域の文化財をまもるために知恵をだしあいました。「当尾の自然そのものを保存し、その自然の一部として石仏などの文化財を保存していきたい」「なんとしても、今のままの状態をのこしたい。周辺の環境が破壊されるのがなにより不安」という声がおこりました。老人会が中心になって、石仏のある里山を整備し、古電柱を使って道しるべを設けるなどの作業をつづけたのです。そして、石仏などの地域の文化財をまもるためには、なによりも石仏の戸籍づくりが大切だと、石仏の調査をつづけ、台帳づくりがはじめられました。当尾に生きた先人たちがながい歴史のなかでうみだしてきた地域の文化財を今、当尾に生きる人びとが知恵をだしあい努力をかさねてまもりぬこうとしたのです。

同じころ、京都府・京都市でも、文化財保存をめぐって変化がおこっていました。その頃まで、各地の自治体ではそれぞれ文化財条例を定めていましたが、京都では自治体による条例は定めていませんでした。国の指定文化財の制度で十分だとかんがえられていたのでしょう。しかし、当尾でみられたように、京都でも文化財の保存を見なおそうという動きがあらわれてきました。そこで京都府・京都市では、他の自治体にはみられない独自な制度をとかんがえられたのが、登録制と文化財環境保存地区の二つです。

日本の考古学の先達としてしられる浜田耕作先生は『通論考古学』で、文化財を保存する記念物法

(Monuments act)には、指定と登録の二つがあり、指定は委員会が等級をつけるやり方で、フランスなどですすめている方法であるといっておられます。つまり指定文化財の方式です。いっぽう、登録は等級をつけず登録する方式で目録法と訳され、インベントリーを作成するやり方です。イギリスで採用されている方法だとしておられます。文化財保存には、このように指定と登録の二つの方式があり、それぞれフランスとイギリスで採用され、それぞれに独自な展開をみせていることも明らかになりました。従来の指定文化財の方式では十分でない、登録制についても検討すべきではないかとかんがえられたわけです。

こうした動きのなかで、私は指定文化財の方式だけでは対処できないのではないかとかんがえるようになりました。広域にわたる史跡の保存や、人びとが生活にかかわる町なみ保存の問題です。文化財保存についても発想の転換がさし迫った課題となってきたと感じたのです。そこで、私は地域文化財という新しいかんがえを提案し、「季刊大津市史第三号」(一九七七・一〇)にのせました。たとえば、当尾でみられたように、野にたつ石仏は、たとえ現在の美術史などの専門家にとって学術的価値が少なく指定文化財の対象とならなかったとしても、そこに生きる人びとにとって親から子へ、子から孫へとうけつがれ、現在に生きる人びとをつよく結びつける役割をもつ地域文化財としての貴重な価値を見のがしてはならないとかんがえたのです。鎮守の森や寺院の庭、山や川、地蔵堂や祠、春と秋の祭り、盆や正月の行事など地域の空間を特徴づけ、地域の生活を秩序づけ律動させるすべてを地域文化財とよぶことにしたい。地域文化財には地域の生活の向上に努めてきた先人たちの知恵と努力がこめられていることに注目したのです。

あえて、今あらためて地域文化財をとりあげるのは何故かといえば、それは建築技術の安易な適用によって、各地の地域文化財が無視され、厄介視されて、地域の固有な歴史的風土がこわされてきたからです。じっさい、地域の独自の表情が失われ、ありふれた都市空間におきかえられ、かつて地域を躍動させてきた地域文化財が失われ、単調な生活空間となりはてつつあります。人びとはそこに住むよろこびと誇りを失い、手でふれ肌で感じあえた空間が、どこか手のとどかぬ遠く離れていく不安な状況におかれ、そこを憧れをもって訪れるよろこびを失いがちな状況なのです。そこでこの困難な状況を克服するために、地域文化財を再評価し、町や村の文化的伝統を明らかにし、それを正しくうけつぎ、これからの町づくりや村づくりに積極的に活かしていく保存修景計画の必要を強調したのです。

また、大津は多様な歴史性をもつ地域から成りたっています。古代の遺跡大津京、比叡山延暦寺や園城寺、石山や瀬田、中世にめざましい動きを示した坂本や堅田、近世の膳所や大津の町なみなど、大津にはそれぞれの時代に注目すべき動きを示した地域がそれぞれを特徴づける地域の文化財と文化的伝統をもって連なっています。この大津を単一的な都市として機械的にとりあつかい、単一な手法で町づくりをすすめ、ありふれた都市空間におきかえてしまうならば、大津の各地域に住む人びとはそこに住むほこりを失い、大津全体のもつ魅力も大きく損なわれるにちがいありません。そこで大津の各地域がもつ文化的伝統を見なおし、地域の歴史的個性を示す地域文化財を活用する保存修景計画を各地域ですすめ、人間的規模をもつ人間生活空間を確保し、その上に全体として大津市に統合していく大津連合都市構想を提案したのです。それは各州がそれぞれ独自性をもちつつ、連合して国家を構成している合衆（州）国の制につながるものとかんがえたのです。この構想は市町村合併が大きい課題となっている現在にも有効だと思っています。

ここで、地域文化財の保存と活用を指定文化財と比較しながら検討してみたいと思います。指定文化財は学者や専門家からなる審議会によって文化財に指定されると同時に、かなり強い規制をかけ、修理・修復する場合には補助金を交付してその保存に努める世界でも誇りうる文化財保存のシステムですが、このシステムだけでは対応できない状況があらわれてきたのです。町なみや住居などの地域文化財は人びとの生活と結びつき、指定文化財のような形で規制することはできないし、また適当ともいえません。そこで地域文化財を調査し、その現代的価値を再評価し、登録します。調査し、登録することは、先にみた当尾の人たちが実施した石仏の戸籍づくりがまさに登録、インベントリー、〝草の根の登録〟、〝草の根の保存〟といえるのです。登録した地域文化財については、地域の人びとの理解を深めるために、自治体は地域の人びとと協力して顕彰し、啓発につとめなければなりません。これが指定文化財の規制に対応するもので、地域文化財の保存は地域の人びとがその価値を再発見し、

指定文化財	指定	規制	補助金	静態保存
地域文化財	登録	顕彰・啓発	表彰	動態保存

その認識を共有することが必要だと思います。修理・修復にあたっても、指定文化財のように強力な補助金によるのではなく、補助金はむしろ限定的とし、自助努力、自発性に期待し、その努力を顕彰することが必要だと思うのです。指定文化財と地域文化財を対比して示せば別表のようになります。

また、指定文化財を保存する場合は、法隆寺、薬師寺や姫路城、彦根城などをみても、解体して、厳密な調査によって創建当初の形に復原することが多いのです。建物を創建当時、または一定の時期に固定する形で保存する静態保存ともいうべきやり方で、この方式を地域文化財の保存に適用するのはむずかしいし、また適当でないと思います。地域文化財にふさわしい保存の方式、それが動態保存の方式です。町なみや住居はそれらがつくられた形だけがすばらしいのではありません。たとえば城下町が建設された当初に、町家の町なみが形づくられていたのではなく、ながい歴史のなかで、城下町の町人は経済力をたくわえ、生活の環境を向上させ、私たちが今日みる町なみを形づくってきたのです。ながい年月をかけて、改造をつみ重ね、その結果すばらしい生活空間を形づくってきたことに注目すべきなのです。したがって、指定文化財にみる静態保存ではなく、動態保存とよぶべきダイナミックな保存の手法を開拓しなければなりません。過去に改造をつみ重ね、生活空間の向上をねがって変化させてきたその過程を素晴らしいとみる立場にたてば、これからも将来にわたって、良好な形で伝統をうまく活かし、町なみを変化させていこうという立場にたつことができるのではないかとかんがえたのです。

町なみの保存修景の作業はこの動態保存の手法をきり拓きつつ、すすめられています。京都でも、大津坂本の里坊、近江八幡の町なみでも、それぞれにその地域の特性をいかして多様な町なみ保存の手法が試みられ、伝統的景観をいかした町づくりの実験がすすめられています。ところで、長浜でも「黒壁」をいかした新しい町づくりの実験が市民の手ですすめられました。「黒壁」は明治三十三年（一九〇〇）、百三十銀行として建てられた黒漆喰仕上げの建物で「黒壁銀行」として市民にしたしまれていましたが、この建物を撤去して再開発しようという動きがでてきました。ところが市民の間から「黒壁をとり壊したらおしまいだ。保存して市街地の活性化の拠点にしよう」という声があがり、熱心な市民のとりくみに市も参画、一九八八年、第三セクター株式会社黒壁が誕生しました。「黒壁」をどう活用するか真剣に検討されました。その結果、長浜とは縁がなかったガラスを運営テーマに、「黒壁スクエア」として再生し、それまでは休日の昼下がりでも一時間に「人間が四人、猫が一匹」しか通らなかったこの一帯が活気をとりもどしたのです。工夫をこらし、努力すれば小さい商店も生きのこり、それらの商店が結びつけば魅力ある商店街として再生できるという自信をもった長浜では、「黒壁」の成功をバネにして、周辺の空店舗を埋め、点を線に、線を面にひろげる形で町なみの再生がすすんでいます。じっさい、長浜御坊・大通寺の表参道、北国街道へと地域文化財を活かした町づくりがすすみ、この新しい町づくりに共鳴し、共感する形で、各地からの観光客でにぎわいをみせています。

こうした長浜での新しい町づくりに学びつつ、長浜の各地域の町づくり、村づくりに役立てたいと、私たちが参加した『長浜市史』では、地域文化財篇の作成に参加し協力してきました。この試みは、本邦初の試みともいえ、生活デザイン・環境建築デザインの先生たちと分担して長浜の各地域を調査し、地域の人びとと語りあうなかで、地域文化財の現状をたしかめ、詳細にリストをつくり、台帳をつくることに努め、昨年春に完成しました。この地域文化篇は、各地域の地域文化財を活かした町づくり村づくりの台帳として活用されることをねがっているのです。また、八幡堀の再生、町家の町なみの保存修景作業を通じて、近江八幡の町づくりに協力してきましたが、近江八幡市史の編集にあたり、今までの調査の成果をもとに第一巻『街道と町なみ』をまとめ、文化財保護法の改正のなかで文化的景観が注目されていますが、八幡堀から安土—八幡の水郷をその候補にしようとの意図もこめられています。

こうした各地での地域文化財をめぐるさまざまな動き、とくに景観に関する条例が自主的に定められつつある状況のなかで、景観を正面からとらえた景観についての基本法が策定されたのです。あくまで地方の積極的な動きをふまえ、その上に中央での法の整備がすすめられているのであって、けっしてその逆ではないことに注目しなければなりません。各地の特性を強調し、その地域文化財を顕現するために地方の動きを支援する形をとっているのです。

世界遺産と地域文化財

一九六〇年に、京大イラン・アフガニスタン・パキスタン学術調査隊に参加して以来、仏教文化の源流をさぐり、東西文化の交流の跡を求めて調査をつづけてきました。ガンダーラは美術史ではアフガニスタンを含めますが、狭義には現在のパキスタン、北西辺境州、玄奘のいうガンダーラ国にあたります。このガンダーラはインド亜大陸の北西の関門として重要な位置を占めてきました。ガンダーラの文化史的位置についてみてみたいと思います。

前三千年紀のなかば、インダス文明がインダス河にひらけ、モヘンジョダロ、ハラッパーの大都市を中心にひろい境域のひろがりをみせていました。この時期、ガンダーラはインダス文明の圏外におかれていたのです。やがて、前六世紀になると、ユーラシア大陸の各地に強大な領土国家がうまれてきました。ペルセポリスを首都にペルシア帝国が形づくられると、ガンダーラはペルシア帝国の属領となり、東の辺境の地となりました。やがて西方からアレクサンドロス大王の東征軍がガンダーラを攻略し、インダス河畔をおびやかしました。この西方からの衝撃をうけて、インドにマウリア帝国がうまれ、アショーカ王のもとで仏教は大きい展開をみせ、ガンダーラはマウリア帝国の西の属領となり、東方のインド文化のつよい影響をうけることになりました。一世紀ころ、中央アジアから興ったクシャーンがつよい力をもち、首都をガンダーラのプルシアプラにおくと、ガンダーラはクシャーン帝国の中心となり、カニシュカ王のもとで仏教寺院は大きい展開を示すことになります。シルクロードをおさえたクシャーン帝国のもとで、東西文化の交流がすすむなかで、ガンダーラで仏像が出現し、仏教寺院は仏塔とならんで仏像が礼拝の対象となり、仏塔と仏像をまつる祠堂を中心とした伽藍がうまれます。私たちのガンダーラでの調査は、仏教寺院の構成の変化と東西文化の技術的交流に注目してすすめてきました。

メサハンダ遺跡では、山腹の仏塔を中心に仏像をまつる祠堂がめぐらされ、参道の両側にも祠堂がならび、仏塔を中心として仏像が回りをめぐるように形づくっていることが明らかになりました。そして参道からはなれ、山腹に僧院が点在していました。

タレリー遺跡では、山上と谷間の二つに塔院があり、これらの塔院をかこんで、山腹に僧院がならんでいました。谷間の塔院では仏塔を中心に仏像をまつる祠堂をめぐらせる構成がみられ、山上の塔院では仏塔が拡大し増広する過程が明らかになり、仏塔をかこむ祠堂の規模がいちだんと大きくなっていることに注目しました。

ラニガト遺跡はガンダーラ屈指の巨大な山岳寺院で、中央区の主塔では仏塔が中心の基核の小塔から拡大し、増広していく過程があきらかになり、仏塔をめぐる大きい祠堂の列が注目されました。西南塔では仏塔にならんで、ほぼ同じ規模をもつ祠堂がたっていました。仏塔と祠堂が礼拝の対象として同じ位置を占めたことが明らかになりました。仏塔と祠堂がならぶこの構成は日本の古代寺院にみる塔と金堂をならべる伽藍配置の源流とみることができます。この西南塔の仏塔と祠堂の前面には、地下に参道が設けられ、巨大な石積みの基台にトンネルを形づくっていました。このトンネルの石積みは尖頭アーチ状をなしていますが、ローマで発達した楔形の石材で組みあげたせり持ちアーチではなく、矩形の石材を平行にせり出したせり出しアーチの構造でした。たしかにローマで発達したアーチの形はみられますが、アーチ構造はとりいれられなかったのだといえます。インダス文明以来、インド亜大陸には、イスラーム建築の導入までアーチ構造をとりいれない伝統がありましたが、ここでもアーチ構造を採用しない伝統は貫かれていたのだといえるでしょう。

なおここで注目しなければならないのは、六〇年代と八〇年代の調査の状況です。六〇年代のメサハンダ、タレリーの調査では、発掘調査の際、とりだした遺物は仏像や仏頭などの彫刻が出土し、遺物はシラカイというかごに無造作に入れられ、あまりの量にもち帰った宿舎での整理に手をやく始末でした。ところが八〇年代のラニガト遺跡の調査では、仏頭などの彫刻はまったく見られず、胴体だけしか出土しなかったのです。やがて八〇年代もなかばになると、胴部《トルソ》すら見られなくなりました。ガンダーラの遺物が骨董品としてしかみなされず、単なる売買の対象となってしまったことを示すものといえます。東西からのつよい関心がマイナスに作用し、遺跡が乱掘によって荒廃し、私たちは乱掘の後始末をするような役割をはたすことになったのです。

次にアフガニスタンでは石窟寺院の調査をつづけてきました。ハイバク、ジェララバード（古名ナガラハーラ）のフィルハナ石窟、ジェララバード盆地の踏査、バサワル石窟などの調査にあたってきました。七〇年代には、バーミヤーン石窟で、私はフォラディとカクラク谷の調査にあたりました。私にとって、常にバーミヤーンは、ガンダーラ、アフガンで調査し勉強する際の不動の考察の原点の役割をはたしてきました。バーミヤーン大仏の破壊は、まことに衝撃でした。バーミヤーンのみならず、インドで盛行した仏教石窟寺院はアフガニスタンで再び活発な展開を示します。ハイバク石窟で調査した、方形平面の室にドーム天井をのせるのに四隅におくスキンチ・アーチ構造など、西方ササン・ペルシアの技術の伝播が明瞭に示され、ナガラハーラ（ジェララバード）では、僧院にみるせり持ちアーチ構造などがさかんにみられ、ガンダーラのラニガト遺跡でみるようなせり出しアーチ構造はカイバル峠をこえたガンダーラではみられません。

滋賀県立大学人間文化学部では今年度「アジアの世界遺産をかんがえる」というシリーズセミナーを行いました。六月二十三日のスリランカ、サミタ・マナワドゥさんの「スリランカの文化三角地帯」を皮きりに、シリア、イラク、イラン、インド（インダス文明・仏教遺跡・イスラーム都市）、中国蘇州、韓国の水原、ブータン、ネパールなどについて、それぞれ専門家からはなしをきき、アジアの文化遺産の多様性、それぞれのかかえる問題をあらためて確認することができました。じっさいイラクでは戦火のなかで文化財が破壊の危機にさらされ、混乱のなかでの強奪、不法な流出という深刻な状況が報告され、イランのバムでは日干しレンガの城塞都市が地震で崩壊した状況が、地震前後の映像を通じて報告されました。保存の対策についても、それぞれに特色があり、たとえば石造とちがって木造建築は解体移築することも可能ですが、伊勢神宮の式年遷宮の方式についてのオーセンティシティの問題など、文化の多様性をめぐる問題ともかかわり、きわめて興味深い問題が提起されたわけです。またこれから韓国の研究者と協力してすすめる共同研究「城下町彦根と城郭都市水原の比較的考察」では、日本と韓国は文化交流も深く、共通する文化を共有している面も多いのですが、たとえば「城」と聞けば、日本では天守のそびえる城郭を思いうかべますが、韓国では城壁でかこまれた都市を思いうかべます。こうした相違点を明確にし確認するために、都市の構成を分析・考察する比較都市論の現地調査となることを期待しています。

しかし、アジアの世界遺産についてもっとも深刻なのは、二〇〇一年三月のバーミヤーン大仏の破壊です。内乱の状況のもとで、偏狭な狂信的な勢力によって無残にも破壊されたことはまことに痛恨の極みであります。二十一世紀は戦争と革命で苦しめられた二十世紀に比べ、もっと平和で安定したものと期待したのに残念です。このバーミヤーンも二〇〇三年世界遺産に登録されました。無知と偏見による文化遺産のこれ以上の破壊は許さないという人類の強い意志を表示したものと思います。

ところで、文化遺産をめぐる危機は戦火だけではありません。先にもみましたように、文化財を単なる骨董品としてみなし、その商品価値にだけ注目し、組織的な調査をへずに乱掘が続けられ、遺物が遺跡から遊離されていることにも注目しなければなりません。先にもみた浜田耕作の『通論考古学』

に、遺物について第一等遺物は発掘調査によりその地点、共存する遺物が明らかなもの、第二等遺物は発掘地点は明らかだが、その状況が不明なもの、第三等遺物は発見地は不明だが、真物であることは疑いないもの、等外遺物は真偽不明なものとしています。この分類にしたがえば第一等たるべき遺物の価値をおとしめていること明白だと思います。乱掘による遺跡の荒廃はその遺跡のたつ地域の価値をおとしめていることを注視し、文化遺産はそれをうみだした風土環境のもとでこそ、過去の文化遺産が示す歴史を私たちは追体験できることをあらためて確認しなければならないのではないでしょう。

そこで、私は遺跡博物館都市構想をかんがえました。これはイラクのバビロンを訪れた時、考古局の人から依頼された折に、バビロンという人類の貴重な遺跡を核に、調査にあたる研究者、発掘にあたる地域の人びとを中心に、バビロン遺跡に関心をもつ専門家や旅行者たちが交流し、バビロン遺跡を享受できる場を用意する博物館調査研究施設を核とした実験都市をかんがえたのです。この構想には、産業都市の興廃の動きと関連しています。石炭産業による都市はエネルギーが石油に移ると見捨てられ廃都となるのを見て、同じく化石燃料である石油による産業都市も、エネルギー源として限界があり、やがて石炭産業都市と同じ運命をたどることが予想されるとかんがえれば、世界に知られたバビロン遺跡の人びとの関心は不滅である、この強い関心のもとに遺跡博物館都市は当然に成り立ちうるとかんがえたのです。

この考え方にたって、すべての歴史都市には、その都市の過去の歩み、現在、将来の構想を展示する都市博物館を用意し、その伝統の保存と展開、創造をはかるべきだとかんがえました。

ガンダーラ博物館構想は、ガンダーラには未だ埋もれている遺跡も多く、これら遺跡を調査し、その遺跡のもつ価値を再評価し、地域の文化財として定着させ、保存の対策を講じるものです。今まで乱掘にかり出されていた村人たちに保存の技術を取得してもらい、それはガンダーラ遺跡の構築に駆使されていた伝統の技術ですから、この技術を再研修し、生業とも結び付けようというもので、いわば乱掘していた人を研修により保存の尖兵にきりかえ、ガンダーラ遺跡の保存と再生に役だて、この地域の良好な形での再建をめざすものです。ガンダーラが仏教文化の源流を求める人にも、仏教文化が西へどのような展開を示したかに関心をもつインドの人にも、彼らの文化的伝流であるギリシア・ローマ文化が東方へどこまで展開したかに関心をいだく西方の人にもひとしく、それぞれ立場にたって交流しあえる交流の場を用意したいとねがってガンダーラ博物館地域を構想しましたが、二〇〇五年現在、まだ実現はしていないのです。ガンダーラ遺跡が地域に根をおろし、世界遺産として評価され、活用されることをねがっているのです。

グロバリゼーションのなかで

思い返せば、滋賀県立大学でのこの十年、なにをめざし、なにに執着してきたか、とかんがえてみると、やはり地域という問題だったと思います。地域とはなにか。地域の定義は融通無碍であります。狭い地域もあれば、広い地域もあります。私たちは、まず身近な環境に注目し、〝虫の眼〟で観察し、やがて視点をあげて、しだいに高い地点で地域を比較する〝鳥の眼〟をもちたいとかんがえてきました。〝虫の眼〟と〝鳥の眼〟をもって地域に接していく、地域に根ざし、地域に学び、地域に貢献し、広く世界へはばたく大学でありたいとねがってきました。

たしかに、地域貢献という言葉に反撥する人も少なくありません。真理の探求が限定された地域への貢献に限られるのは問題だという疑問です。しかし〝虫の眼〟で身近な地域に接し、〝鳥の眼〟ではるかに広い地域を展望し、比較するという視点にたてば、この疑念は問題ではなくなり解決すると思います。昨日、湖西の高島から安曇小学校の校長先生たちが来られ、安曇川の流域をさぐる、河口から京都の源流へさかのぼる小学生の体験学習に同行する県大生の交流が語られました。じっさい、近江の地域には現代の社会で忘れられつつある生活の知恵が今も生きており、そこから学生たちは新たな発見、元気をとりもどしていることを知りました。柳田国男の〝非凡の教育〟〝平凡の教育〟を思いだしました。近代になって軽視されつづけてきた〝平凡の教育〟はいま壊滅の状態にあり、その再建が必須であると、地域がはたすべき役割をあらためて痛感しました。

地域にはそれぞれ個性があります。県立大学に在職して十年、長浜市史、彦根市史、近江八幡市史に関わる機会をあたえられました。この三つの都市は建設の時期は相前後していますが、その歴史の歩みのなかで、それぞれ独自の伝統をつちかい、気質をうみだし、固有な地域文化を形づくってきました。それぞれの伝統をうまく活かして新たな展開をはかり、明日の飛翔に役立つ市史の作成を心がけています。そのなかで、考古学に対するのと同じ形で、現在を直視し、現状とその変化の相を観察し、詳細に記録し、その上にたってこの現状が私たちがねがう理想の生活にふさわしいかどうかを省察する考現学の視座をたしかなものにし、鍛えあげていく必要があると考えます。

最後に、現在グローバリゼーションの波が私たちのまわりにおそいかかっています。地域の個性など無視されかねません。グロバリゼーションの滔々たる波のなかでこそ、逆説的に私たちは地域に注目し、地域がまもり、うけつぐべき伝統、文化はなにか、私たちがまもり、うみだすべき景観、町や村のあるべき姿を求めてその想像力を鍛えなければなりません。結局、地域への限りない愛着と責任感だけが、このグロバリゼーションのなかで真に耐久力のあるなにものにも侵されない強靭な力となるにちがいありません。地域にも未来への夢が必要です。先日、世界遺産について県立大学局長の太田さん、次長の堀さんとはなしたのですが、「湖国まるごと世界遺産」はどうかということになりました。琵琶湖とその周辺をとりまく山を含めて滋賀県がほこる景観と文化遺産をそれぞれ共鳴させる形で保全し、世界に誇れる風景としていきたい、これをこれからの私の夢の一つとして生きていきたいと思っています。

＊滋賀県立大学最終講義　二〇〇五年三月四日

あとがき

思い返せば、もう十年余りも過去のことになります。滋賀県立大学の開設をめざし、県庁のなかに設けられた開設準備室で忙しく動いていた日のことが昨日のごとく、なつかしく思い出されるのです。

〝キャンパスは琵琶湖。テキストは人間〟をモットーに、地域に根ざし、地域に学び、地域に役立つ大学をめざし、人間・地域・環境を学部共通のキーワードとして、独自の学風をつちかってきました。こうした県立大学の指針は、新しい学部、学科の構成とともにひろく注目されました。十年をへた今日、人間・地域・環境をかかげる大学は日本全土にひろがりました。その意味で滋賀県立大学は先駆的役割をはたしたものと自負しています。

地域貢献についてもさかんに論じられるにようになりました。真理の探究をめざす大学が限定された地域に貢献するというのは、いかがなものかというわだかまりもありました。老舗《しにせ》の国立大学は、地域貢献にかえて社会貢献としているのもこれと関連するのでしょう。私たちは〝虫の眼〟で地域を観察し、そのなかで地域へのやさしい眼を身につけ、視点をあげて〝鳥の眼〟でひろい地域を俯瞰し、比較して地域の特性を確認し、相対的に客観視する視覚を身につけたいとねがってきました。地域に根ざした大学をめざし近接した大学との協力も必要であり、滋賀大学との協力を積極的にすすめるために、学生の単位互換の協定を結び、産学連携にあたっても相互に協力し、研究面にも共同研究の体制をすすめています。

昨年秋、滋賀県立大学は文部科学省の現代GP「現代的教育ニーズ取組支援プログラム」にスチューデントファーム〝近江楽座〟で応募し、採択されました。学生たちはそれぞれの地域で地域に根ざし、地域に学び、地域に役立つプロジェクトを提案し、調査と研究の活動を元気にすすめています。たのもしい限りです。

二〇〇六年四月、県立大学の法人化が予定されて、制度的な改革の準備も着実にすすめられています。この改革にあたって教育、研究面にわたる独自で飛躍的な改革がつよく期待されています。地域に根ざした大学として滋賀県立大学ならではの独自の提案を示し、大学をめぐるきびしい状況のもとで、この難局をのりこえ、生き生きとした魅力ある大学として明日へと飛翔しなくてはならないのです。新しい時代は従来の伝統的思考だけでなく、独自な個性のゆたかな大学への展開を期待しているのです。

この度、三月末をもって滋賀県立大学を退職するにあたり、この十余年の体験を思い返しつつ、〝近江から望みを展《ひら》く〟と題して一冊の書にまとめてみました。読み返せば重複する部分が多々ありどうしようかと思いあぐねましたが、これは私が日頃感じていたことを、事あるごとにみなさんに伝えてきた結果としてご寛恕ください。まだこのほかにも、モンゴルでの考現学の調査などについての報告もありますが、これについては次の機会に協力してくださった皆さんとともにまとめたいと願っています。

〝近江から望みを展く〟はこの二月十九日、琵琶湖ビアンカ船上での「淡海文化を育てる会」で報告した折の題名でもあります。この会は開設準備室にいたころに発足した滋賀県で活躍する地方出版社・サンライズ出版を支持し、支援する後援会でもあります。大学と同様に地域文化の掘り起こしとともに、この近江からの新しい文化発信の役割を担い、今後も活発な展開を期待しています。

終わりに、短期間での編集の作業にあたっていただいた岩根治美さんと藤野仁美さんに感謝したいと思います。

二〇〇五年三月

西川幸治

■著者略歴

西川　幸治（にしかわ こうじ）
1930年　滋賀県彦根市に生まれる。
1954年　京都大学工学部建築学科卒業。
1959年　京都大学大学院博士課程修了。
1960年　京大イラン・アフガニスタン・パキスタン学術調査隊に参加。以後ガンダーラ仏教遺跡の調査にあたる。
1977年　京都大学教授。
1994年　京都大学名誉教授。滋賀県立大学開設準備顧問。
1995年　滋賀県立大学教授。人間文化学部学部長（−1999年）。
2001年　滋賀県立大学学長（−2005年３月）。2005年４月より国際日本文化研究センター客員教授の予定。
専門は都市史、保存修景計画。

主な編著書『都市の思想』（1972,1994，日本放送出版協会）
『歴史の町なみ』京都編ほか（1979，日本放送出版会）
『仏教文化の原郷をさぐる—インドからガンダーラまで』（1985，日本放送出版協会）
『日本の市街古図』西日本編・東日本編（1972, 73　鹿島出版会）
『日本都市生活史料集成』編（1982，学習研究社）
訳　書　『D．マコーレイ：都市—ローマ人はどのように都市をつくったか』（1980，岩波書店）
『C.A.ドキシアディス：新都市への史的アプローチ—古代ギリシア都市と現代都市』（1965,国際建築 32−8）

近江から望みを展《ひら》く

2005年３月28日　初版第１刷発行

著　者／西　川　幸　治
発行者／岩　根　順　子
発行所／サンライズ出版
滋賀県彦根市鳥居本町655-1
TEL.0749-22-0627　〒522-0004

ISBN4-88325-273- 6

印刷・製本P-NET信州
定価はカバーに表示しています。